災害と空港

救援救助活動を支える空港運用

轟　朝幸・引頭雄一　編著

成山堂書店

本書の内容の一部あるいは全部を無断で電子化を含む複写複製（コピー）及び他書への転載は，法律で認められた場合を除いて著作権者及び出版社の権利の侵害となります。成山堂書店は著作権者から上記に係る権利の管理について委託を受けていますので，その場合はあらかじめ成山堂書店（03-3357-5861）に許諾を求めてください。なお，代行業者等の第三者による電子データ化及び電子書籍化は，いかなる場合も認められません。

大規模災害時の空港運用の様子
（東日本大震災）

空港での救援救助活動の様子
（写真提供：岩手県）

山形空港防災ヘリ駐機状況
（写真提供：山形県山形空港事務所）

自衛隊による物資輸送任務
（写真提供：岩手県県土整備部空港課）

いわて花巻空港旧エプロンでの駐機の様子
（写真提供：岩手県花巻空港事務所）

陸上自衛隊霞目駐屯地に集結する航空部隊

フォワードベースでの航空燃料配送の様子
（宮城県のグランディ・21）

福島空港　グラスエリアでの駐機の様子
（上：自衛隊機、右：消防防災機・報道機）
（写真提供：福島県福島空港事務所）

（熊本地震）

熊本地震時のヘリベースの様子（上）とヘリコプターへの燃料補給状況（下）
（写真提供：熊本県防災消防航空センター）

はじめに

　日本は、災害大国といっても過言ではない。地震、津波、台風、洪水、高潮、土石流、大雪、噴火など、多様な災害が全国いたるところに襲ってくる。近年でも、東日本大震災（2011年）、広島土砂災害（2014年）、関東・東北豪雨（2015年）、熊本地震（2016年）など、大規模災害が相次いでいる。

　大規模災害が発生した際、地震や津波、水害等により広域に被害が及ぶ場合には陸上交通ネットワークは寸断され、復旧に時間を要することが予想される。一方で航空ネットワークは、上空の航空路が地震動や津波の被害を受けることがなく、陸上にある空港さえ被害を受けなければ機能障害は生じない。東日本大震災でも、大津波が襲った沿岸に立地する仙台空港を除き、被災地内の空港でも地震被害は軽微であった。つまり、災害発災直後においては比較的災害に強い空港は迅速な救助救援活動に欠かすことができない重要な役割を担っている。

　大規模災害時の航空機による諸活動は、消防・警察・海上保安庁・自衛隊・米軍・病院・航空会社などのさまざまな組織によって行われる。これらの各組織による活動を支える空港においても、空港管理者（国管理空港は国土交通省、地方管理空港は地方公共団体）、航空管理担当者（CAB）、ターミナルビル会社、航空会社、消防・警察航空隊、空港ビルに入居する商業事業者など、多種多様な関係者によって運用されている。多くの関係者の密な連携がなければ、災害時の特殊事情において支障を来すことが想像できる。災害時に空港が救助救援活動の拠点としての機能を十二分に発揮するためには、日常の空港運用とは異なる特殊な運用がなされる必要がある。

　そこで著者らは、東日本大震災における多様な組織による航空機の活動実態および活動拠点であった空港の利用状況について調査し、そこでの課題から将来へ向けての提言を行ってきた。

　本書は、これらの成果をまとめたものである。第1編「実態調査編」では、第1章において、東日本大震災時の空港を含めた都市間交通インフラの被害と機能障害の状況を紹介しながら、大規模災害時の航空と空港の役割について概

観している。第2章では、大規模災害時において航空機による活動を行うおもな組織と体制について整理している。第3章では、東日本大震災時に活動した航空機の空港利用状況を飛行記録データの分析により定量的に把握した結果を紹介している。第4章では、東日本の空港関係者へのインタビュー調査から、災害支援において、空港がどんな役割を果たしたのか、そこでの課題はなんだったのかをまとめている。また、阪神淡路大震災や熊本地震、クライストチャーチ地震での空港運用の実態も紹介している。

次に、第2編「研究調査編」では、第1編で得られた知見を踏まえて、今後の災害に備えるためのいくつかの空港運用に関する研究成果を紹介している。第5章では、大規模災害時の航空機活動の制約となる可能性のある空港容量について、数値シミュレーションによる評価を試みている。第6章では、待ち行列理論を適用して、災害時の空港での航空機待機時間を短縮するための施策評価分析をしている。第7章では、南海トラフ巨大地震を想定した高知県における航空機による救助救援活動を効果的に行うための空港およびフォワードベース（前線基地）の配置について分析している。第8章では、防災拠点空港に必要な施設の配置計画について検討している。

最後に、第3編「提言編」第9章では、大規模災害時の空港運用のあり方および空港運用に配慮した空港整備のあり方について検討し、南海トラフ巨大地震などの今後の大規模災害への備えの重要性について提言している。

近い将来に発生すると危惧されている首都直下型地震や南海トラフ巨大地震などの大規模災害において、ここにまとめた知見が生かされ、減災に貢献できればと願っている。

なお、本研究プロジェクトは、2011年度航空政策研究会「研究プロジェクト」支援およびJSPS科学研究費JP25282120の助成を受けて調査研究を進めてきたものであり、本書はJSPS科学研究費JP17HP5244の助成を受けて出版したものである。

2018年2月

編著者

目　　次

第1編　実態調査編

第1章　大規模災害時の航空と空港　3
- 1-1　東日本大震災における都市間交通の機能障害　3
- 1-2　災害時における航空機活動と空港　7
- 1-3　わが国の空港　7
- 1-4　東日本大震災による空港の被害　13

第2章　災害時の航空機運航に関する組織と体制　18
- 2-1　災害時に活動するヘリコプターの運航主体と役割　18
- 2-2　災害時の全国的な支援体制　20
- 2-3　各組織における全国的な東日本大震災時の対応の動き　24
- 2-4　多様な主体が運航するヘリコプターの運用調整に関わる体制　33

第3章　東日本大震災時の航空機運航の実態分析　37
- 3-1　離着陸回数の状況　37
- 3-2　飛行目的別離陸回数の状況　39
- 3-3　運航者別の駐機状況　49
- 3-4　3空港の利用状況の比較　52

第4章　東日本大震災時の空港運用の実態と課題　56
- 4-1　花巻空港　56
- 4-2　山形空港　71
- 4-3　福島空港　87
- 4-4　インタビュー調査のまとめと空港運用に関する一考察　101
  - コラム①　阪神・淡路大震災時の空港運用　102
  - コラム②　熊本地震時の空港運用　105
  - コラム③　ニュージーランド・カンタベリー地震時の空港運用　107

第 2 編　研究調査編

第 5 章　大規模災害時の空港容量評価シミュレーション　*111*
　5-1　大規模災害時の地方空港の運用上の課題　*111*
　5-2　地方空港の施設制約と災害時の特殊運用の空港容量への影響　*112*
　5-3　統合型空港容量評価シミュレーションの開発とケーススタディ　*115*
　5-4　ま　と　め　*123*

第 6 章　航空機待ち時間短縮のための空港運用　*124*
　6-1　航空機待ち時間推定モデル　*124*
　6-2　分　析　結　果　*129*
　6-3　ま　と　め　*134*

第 7 章　空港と場外離着陸場の連携方策シミュレーション
　　　　　―高知県の南海トラフ巨大地震を想定して―　*136*
　7-1　南海トラフ巨大地震発災後の高知県の受援計画　*136*
　7-2　シミュレーションの設定　*139*
　7-3　シミュレーションの実施と結果　*142*
　7-4　ま　と　め　*148*

第 8 章　空港の防災拠点化のための空間計画　*151*
　8-1　防災拠点空港のレイアウトの必要性　*151*
　8-2　災害時の空港運用の現状　*152*
　8-3　防災拠点空港に必要な機能　*153*
　8-4　分　析　方　法　*155*
　8-5　ケーススタディ　*159*
　8-6　ま　と　め　*165*

第3編 提 言 編

第9章 災害時の空港運用の向上にむけて　*169*
　9-1　東日本大震災から得られた教訓　*169*
　9-2　南海トラフ巨大地震に対する空港の備えの状況　*172*
　9-3　災害時に求められる空港の課題と提言　*175*

おわりに　*189*
索　　引　*191*
編著者・執筆者一覧　*195*

第1編　実態調査編

第 1 章　大規模災害時の航空と空港

　本章では、災害時に救助救援活動を行う航空機の拠点としての空港の役割と機能について概観する。

　まず、東日本大震災を例として、災害時における都市間交通の機能障害の実態を紹介し (1-1)、そのなかでの空港の役割を説明する (1-2)。次に、わが国の空港やヘリポートなどの整備状況および航空機の運航を支える空港施設について紹介する (1-3)。さらに、東日本の空港整備の状況および東日本大震災による被災状況について説明する (1-4)。

1-1　東日本大震災における都市間交通の機能障害

　東北の被災地を縦横断する主要な都市間交通は、高速道路（東北自動車道・常磐自動車道など）、東北新幹線である。それらは、内陸部に位置していたため沿岸部のように津波による被害は受けなかった。

　高速道路は、強い地震動によって土工区間において路面クラックや段差、盛土崩落などが生じ、発災当日の 2011 年 3 月 11 日は全面通行止めとなった。しかし、早急な応急復旧工事により発災翌日の 3 月 12 日にほぼ全線において災害対策用の緊急輸送路として緊急車両の通行を再開し、首都圏方面からの救援や緊急支援物資輸送に大きな役割を果たした[1]。その後、3 月 24 日に一般車両の通行を再開している。

　一方で一般国道は、沿岸部において津波による流出など壊滅的な被害があった。そこで、国土交通省東北地方整備局は道路ネット

写真 1-1　高速道路のおもな被害
（出所：NEXCO 東日本）

---

[1] 東日本高速道路（株）によると、2011 年 5 月末時点で 22 路線、約 1,200 km 区間で約 5,800 か所の損傷が確認された。

ワークの啓開・復旧戦略として「くしの歯作戦」を展開した。第1ステップとして東北地方を縦断する東北自動車道・国道4号線を早急に復旧し、第2ステップではそれらから沿岸へ通じる国道などの幹線道路、その後沿岸を縦断する幹線道路を復旧した。

発災翌日の3月12日には沿岸部へ横断する11ルートを確保し、14日には横断14ルート、15日までに横断15ルートの救援ルートを確保した。第3ステップにあたる沿岸部を縦断する国道45号線は、3月18日には97％の啓開が完了し、その後の応急復旧により4月10日には全線で通行可能となった。津波により流失した気仙大橋（陸前高田市）と小泉大橋（気仙沼市）は広域迂回となっていたが、7月までに仮設橋梁が完成し、広域迂回は解消している。

東北新幹線は、発災当時26列車が走行していたが脱線はなかった。大宮〜

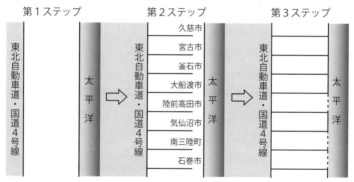

図1-1 「くしの歯作戦」の各ステップ
（出所：国土交通省東北地方整備局）

写真1-2 啓開作業の様子
（出所：国土交通省東北地方整備局）

いわて沼宮内間で、電化柱損傷が約540か所、架線断線が約470か所、高架橋損傷が約100か所、軌道変位・損傷が約20か所など約1,200か所の被害が生じたが、高架橋、橋梁、駅舎、トンネル崩落などの深刻な被害は発生しなかった。これは、阪神・淡路大震災以降、列車を緊急的に停止させるシステム、脱線被害を軽減させる装置等の導入、土木構造物の耐震性能の強化などを進めてきたことによる。その結果、迅速な復旧作業により3月15日に大宮〜那須塩原、3月22日に盛岡〜新青森、4月7日に一ノ関〜盛岡間において運転再開した。しかし、4月7日夜に発生した最大余震により、一ノ関〜盛岡間は4月23日まで再度運休した。その後4月12日には、東京〜福島間までが開通し、4月25日には東京〜仙台間、4月29日には、被害の大きかった仙台〜一ノ関間も開通し全線で運転再開している。東日本大震災では広範囲にわたって被災したものの、復旧に要した期間は阪神・淡路大震災の82日間、新潟県中越大震災の67日間に比べ短く、早期の運転再開が可能となった。

JR在来線では、36線区の約2,900 kmで起動変位や電化柱の折損等が生じ、その数は約4,400か所に上った。また、この36線区に加えて、八戸線・山田線・大船渡線・気仙沼線・石巻線・仙石線・常磐線の7線区と、第三セクター鉄道の三陸鉄道・仙台空港鉄道が津波被害を受けて運休が続いた。JRの7線区では、津波による被害が大きく23の駅舎が流失し、橋梁・盛土・線路の流失は数百か所に及んだ。特に被害箇所数が多い仙石線・常磐線（原発警戒・避難区域を除く）などの線区では、一部区間で順次復旧が進み運行が再開されているが、沿岸部を走るJR大船渡線・気仙沼線・石巻線や三陸鉄道は壊滅的な

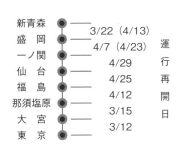

図1-2　東北新幹線の被害と復旧状況
（写真出所：国土交通省）

被害状況で、いまだに復旧の目途がたっていない線区がある。

東北の空港は、津波被害があった仙台空港を除き、被災地の空港でも大きな被害はなかった（詳細は1-4節参照）。したがって、発災直後から消防・防災ヘリや自衛隊機などによる救援救助活動、救援物資輸送、民航旅客機等による陸上交通の代替輸送などが行われ、発災後の活動において空港は大きな役割を果たした。

以上の都市間交通の復旧過程を図1-3に示す。陸上交通では、高速道路が数日間にわたって通行止めとなり、一般道路は沿岸部を中心に壊滅的な被害を受け長期にわたって通行止めとなった。東北新幹線は全線開通まで1か月半を要した。地震や津波、水害等の災害発生により広域に被害が及ぶ場合、陸上交通ネットワークは寸断され、復旧に時間を要する。都市間交通ネットワークの維持のためには、比較的災害に強い空港の果たす役割は極めて大きい。

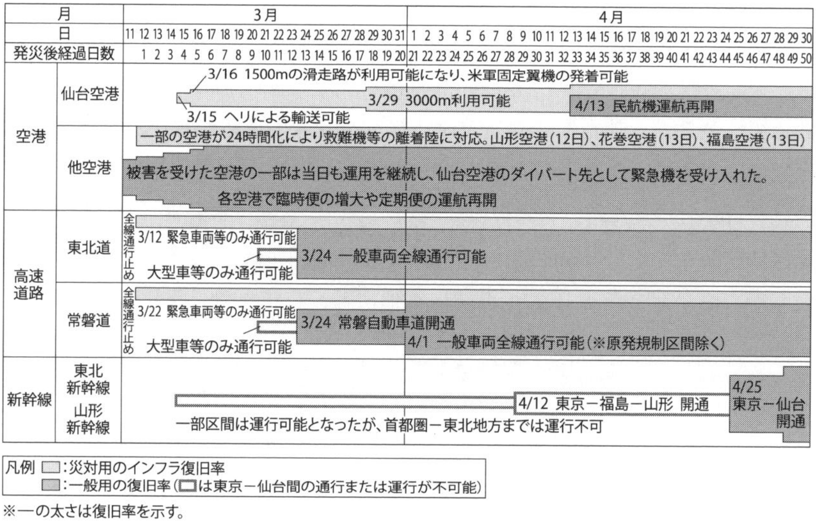

図1-3 都市間交通の復旧過程
（出所：国土交通省航空局資料に加筆修正）

1-2 災害時における航空機活動と空港

　東日本大震災では、消防・警察・海上保安庁・自衛隊・米軍などが所管するさまざまな救助救援活動は航空機、特にヘリコプターを用いて行われた。航空機による救助救援活動は空港を拠点として活動することから、活動拠点となる救助救援ヘリや救援機などの多くの航空機の集中による駐機スペース不足、支援物資等の仕分けスペース確保、航空燃油不足、関係機関間の情報共有、連携、統一的意思決定の不足などの課題が生じる。大災害時においては、震災発生後の消防・防災ヘリ、警察ヘリ、ドクターヘリ、海上保安庁・自衛隊・米軍の航空機、民間航空機（民間機）などの空港利用実態について包括的に把握し、それらが円滑に運用できる環境の提供が求められる。

　また、空港の運用においても、複数の事業主体が介在している。空港施設の管理運用を担当する空港事務所（国管理空港は国土交通省、地方管理空港は地方公共団体など）、航空管制を担当する航空局（CAB：Civil Aviation Bureau）、ターミナルビルを運営する空港ビル会社、航空機を運用する航空会社や消防航空隊などの事務所、航空機への給油を行う給油会社、ビルに入居する商業事業者、空港へのアクセス交通を担うバスなどの交通事業者など、多種多様な関係者によって空港は運用されている。これら多くの関係者の密な連携がなければ、災害時の特殊な状況下において空港運用に支障を来すことが想像できる。

　そこで、今後の災害への備えとして、東日本大震災での多様な組織による空港利用および運用の実態を明らかにし、災害発生後のどの時期に、どのような状況で、どのような空港機能が求められるかを明らかにし、それらを踏まえて災害時の空港運用のあり方について検討することは重要である。

1-3 わが国の空港

(1) 飛行場・空港・ヘリポート

　ここでは、災害時に活動する航空機の拠点となる飛行場の概要、およびわが国での整備状況について紹介する。

　航空機が離着陸したり地上走行したりする場所（区域）は「飛行場」と呼ばれている。そのなかで、公共の用に供するものが「空港」と空港法第2条で定

種別		供用空港数	滑走路3500m級以上	滑走路3000m級	滑走路2500m級	滑走路2000m級	滑走路2000m未満
拠点空港	会社管理空港 ■	4	3	1	0	0	0
	国管理空港 ●	19	1	10	7	1	0
	特定地方管理空港 ○	5	0	0	4	1	0
地方管理空港 ▲		54	0	3	5	25	21
その他の空港 ★		7	0	1	0	0	6
共用空港 ☆		8	0	4	3	0	1
合計		97	4	19	19	27	28

1. 非公共用飛行場は除く
2. ◯ は定期便就航空港を示す
   うち ● は国際線が就航している空港を示す
3. 空港名下の数字は滑走路長 (m) を示す

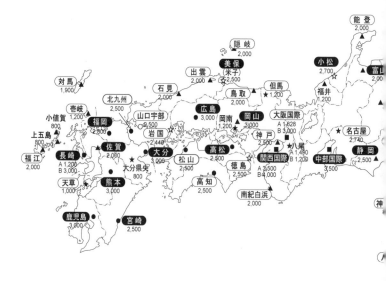

図1-4 日本の空港の配置
(出所：国土交通省航空局資料より作成)

1-2 災害時における航空機活動と空港

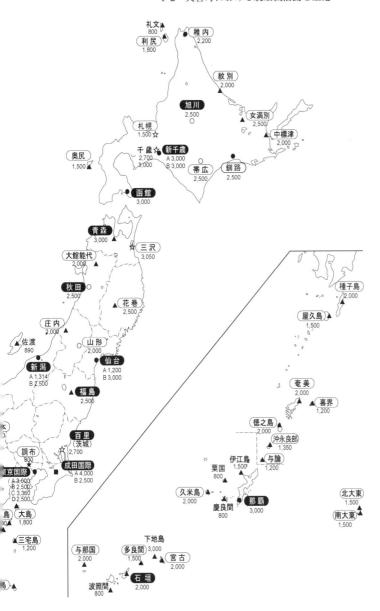

表1-1　空港以外の飛行場・ヘリポート（2017年4月時点）

種　別		設置数	おもな飛行場等
非公共用飛行場		4	ホンダエアポート、竜ケ崎など
自衛隊飛行場		22	松島、霞目、入間、下総など
	共用空港	8	百里（茨城）、小松、徳島など
米軍飛行場		4	横田、厚木、嘉手納、普天間
	共用空港	2	三沢、岩国
ヘリポート	公共用	19	東京都東京、つくば、群馬など
	非公共用	92	警察、消防、病院、新聞社など
	自衛隊	4	防衛省（市ヶ谷）など

（出所：「数字で見る航空2017」より作成）

められている。つまり、誰でも利用する民間航空が就航している飛行場が空港である。

わが国には図1-4のとおり、全土にわたって97の空港がある。これらの空港は、その役割と管理者によって区分されている。「拠点空港」は、「国際航空輸送網又は国内航空輸送網の拠点となる空港」と

写真1-3　ヘリポートに着陸する警察ヘリ

定義づけられており、さらに「国管理空港」「会社管理空港」「特定地方管理空港」に分類されている。東京国際空港（以下、羽田空港）や仙台空港など、比較的大きな空港は、国が設置し管理している「国管理空港」である。また成田国際空港、関西国際空港、大阪国際空港（以下、伊丹空港）、中部国際空港は空港会社（株式会社）が設置し管理している「会社管理空港」である。「拠点空港」以外のおもな地方空港は「地方管理空港」である。いわて花巻空港（以下、花巻空港）や静岡空港など、地方公共団体が設置し管理している地方空港や離島空港であり、「国際航空輸送網又は国内航空輸送網を形成する上で重要な役割を果たす空港」と定義づけられている。加えて、自衛隊・米軍が設置管

理している飛行場を民間航空が共用している「共用空港」もある。

表1-1に示すとおり、空港以外の飛行場も多数存在する。特定の航空機が利用している非公共用飛行場、防衛省（防衛大臣）、米軍が設置管理している飛行場のほか、ヘリコプター専用のヘリポートがある。ヘリポートにも、利用者を限定していない公共用ヘリポートと特定の消防航空隊や警察航空隊、ドクターヘリ、新聞社、民間航空事業者などが専用利用している非公共用ヘリポートがある。この常設ヘリポートのほか、緊急時や資材搬送などにおいて臨時にヘリコプターが離着陸できる場所として登録されている場外離着陸場がある。

(2) 空港のおもな施設

日常の航空機の運航はもちろん、災害時などに空港に集中する航空機が安全かつ効率的に運航するためには、それを支える空港施設が不可欠である。図1-5に示すおもな空港施設を以下に紹介する。

① 滑 走 路

飛行場に必須の施設は、航空機が離着陸する「滑走路」である。小型の軽飛行機であれば長さ800mほどで離着陸可能であるが、大型のジェット機が離着陸するには長さおよそ2,500m以上が必要となる。ヘリコプターが離着陸する施設は「ヘリパッド」と呼ばれ、ほぼ垂直に離着陸できるために数十メート

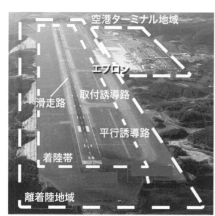 

図1-5 空港施設の概略
（出所：「交通ブックス307 空港のはなし」より作成）

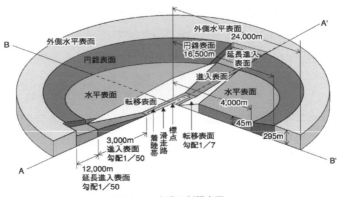

図1-6　空港の制限表面
（出所：国土交通省航空局）

ルの長さがあればよい。なお、ヘリコプターが空港に離着陸する場合は滑走路を使用するのが一般的であるが、緊急の場合などは滑走路以外の指定された場所で離着陸することもある。

　滑走路の周辺を囲む平坦な区域を「着陸帯」という。着陸帯は航空機が離着陸する際に、万が一滑走路を逸脱したり、着陸復行したりする場合に備えた安全区域である。一般的に舗装はしないで草地（グラスエリア）としている。

　また、図1-6に示すように、滑走路に付随して上空周辺には航空機が飛行するエリアとして制限表面（進入表面、水平表面、転移表面等）が設定されている。

　② 誘　導　路

　滑走路に着陸した航空機が地上を走行して駐機場へ向かったり、離陸する航空機が滑走路へ向かう通路が「誘導路」である。離陸する航空機が滑走路へ進入、あるいは着陸した航空機が滑走路から離脱するための誘導路が「取付誘導路」であり、滑走路に平行に設置される誘導路が「平行誘導路」である。離着陸が少ない空港では平行滑走路を設置しておらず、その場合には駐機場から滑走路端まで滑走路上を移動し、滑走路端でUターンして離陸滑走を開始する。

　滑走路の周辺と同様に誘導路の周辺もグラスエリアが設けられているのが一般的である。

③ 駐機場

「駐機場（エプロン）」は、航空機を駐機するための区域である。旅客が乗降したり、貨物の積み卸しをするところである。航空機の大きさに応じて、駐機する広さに加え、誘導路への移動のために転回できる広さが必要となる。エプロン上での航空機ごとの駐機場所を「スポット」と呼んでいる。

④ 旅客・貨物取扱施設

旅客が航空機に乗降したり、乗機前に待機したりする建屋が「旅客ターミナルビル」であり、積み卸しする貨物を仕分けしたりする建屋が「貨物ターミナルビル」である。旅客ターミナルビルには、待合室に加え、レストランやショップ、航空会社の事務所などがテナントとして入っている。また、ターミナルビルには道路や鉄道、駐車場などの陸上交通施設が都市へのアクセスとして接続している。

⑤ 航空保安施設

航空機が安全に離着陸するための施設が「航空保安施設」である。管制官が航空機を誘導するために空港を見渡せるように設置されているのが「管制塔」である。なお、交通量が多い空港では管制官が常駐して航空機の誘導業務をしているが、交通量が比較的少ない空港では、管制官は配置されていない。その代わりに、運航情報官が気象や周辺の航空機の有無などの情報を航空機へ提供している。

管制塔のほか、空港の位置や気象などの情報を航空機へ知らせるための電波・無線・灯光等による航行援助システムが設置されている。

⑥ 地上支援施設

上記のほか、航空機へ燃料補給するための「燃料給油施設」、航空機を点検・整備するための「航空機整備施設」、もしもの航空機事故のための「消防施設」などが空港には設置されている。

1-4　東日本大震災による空港の被害

(1) 空港およびヘリポート等の配置

被災地の岩手県・宮城県・福島県・茨城県の各県には、花巻空港（花巻市）、仙台空港（名取市）、福島空港（玉川村）、茨城空港（小美玉市）がある。ま

た、山形県の宮城県寄りには山形空港（東根市）がある。仙台空港は国管理空港であり、山形空港は特定地方管理空港、花巻、福島両空港は地方管理空港である。

被災地内には、救助活動等に重要な役割を果たすヘリコプターの活動拠点となるヘリポートがいくつか存在している。岩手県は、独自のヘリポートを有さずに、花巻空港を岩手県警察航空隊と防災航空隊の基地としている。宮城県では、仙台市消防ヘリポート（仙台市若林区）があり、宮城県防災航空隊および仙台市の消防航空隊が利用している。福島県は、福島県警ヘリポート（福島市）を有しており福島県警航空隊が利用している。福島県防災航空隊は独自のヘリポートを有さずに福島空港を基地としている。茨城県は、公共用ヘリポートであるつくばヘリポート（つくば市）を有しており、茨城県防災航空隊の基地が設置されている。なお、東日本大震災では、津波で被害を受けた仙台市消防ヘリポート以外のこれらのヘリポートは、空港同様に大きな役割を果たした。

被災地内には、空港やヘリポート以外に自衛隊が管理している飛行場もいくつか存在している。宮城県には航空自衛隊松島基地（東松島市）および陸上自衛隊霞目駐屯地（仙台市若林区）に飛行場が存在する。茨城県には、茨城空港と共用の航空自衛隊百里基地（小美玉市）がある。なお、宮城県警察航空隊は霞目駐屯地を、茨城県警察航空隊は百里基地をヘリコプター基地としている。

図1-7に、東日本大震災のおもな活動で使用された空港、ヘリポート、飛行場の位置を示す。

(2) 仙台空港の被災状況

東北地方の空港では、地震による被害は軽微にとどまり、航空機による救助救援活動などに大きな役割を果たしたが、仙台空港は津波による大きな被害を受け、発災直後に機能を喪失した。

仙台空港は沿岸から約1km内陸の仙台平野に立地しているため、空港全域を津波が襲来した。この津波により流入した土砂・瓦礫・車両などが滑走路やエプロンを覆い尽くした。また、ターミナルビルや空港管理施設などの機械・電気設備などは、水没により壊滅的な被害を受けた（写真1-4）。仙台空港に

1-4 東日本大震災による空港の被害

図1-7 東日本大震災でおもな活動に使われた
空港・飛行場・ヘリポートの配置状況

写真1-4 仙台空港の浸水状況
(出所:国土交通省航空局「空港の津波対策検討委員会資料」)

は、地震発生時刻に民航旅客機の駐機はなかったが、海上保安庁や航空大学校、産業航空事業者[2]などが所有していた小型飛行機やヘリコプターが駐機しており、津波により多数流失した。仙台空港は、2011年3月13日の大津波警報・津波注意報の解除後、早急に滑走路やエプロンの啓開作業が行われた。3月15日に救援ヘリの離着陸が、3月16日には滑走路1,500mの利用が可能となり、米軍・自衛隊の固定翼機が離着陸を開始した。滑走路やエプロンの啓開作業は米軍の支援（トモダチ作戦）も受け、3月29日に滑走路3,000m全区間が使用可能となった。その後、制限区域確保（仮フェンス設置）、電気系統施設やターミナルビルの復旧などが進められ、4月13日に民航旅客機の運航が再開された。

(3) 仙台空港以外の空港の被災状況

花巻空港・福島空港・茨城空港は、ターミナルビルの一部の天井が地震によって落下するなどの被害があったが（写真1-5参照）、山形空港は被害がなかった。いずれの空港も空港基本施設に致命的な被害はなかったため、航空機の離着陸にはほとんど支障がなかった（表1-2参照）。そのため、地震発生当日も運用を継続し、さらに救援機等の受け入れのため24時間運用とし救援機・緊急輸送機の活動拠点として機能した。

個別にみてみると、花巻空港は、ターミナルビルの安全性確認がとれなかったためビルを閉鎖し、6日間にわたって民航旅客機は欠航した。福島空港で

写真 1-5　茨城空港ターミナルビルの被害状況
（出所：茨城県資料）

---

[2] 写真撮影・測量・薬剤散布などの運輸以外の産業目的に航空機を利用する事業者

1-4 東日本大震災による空港の被害

表 1-2 空港の被害状況と運用状況

空港名	おもな被害状況	運用状況
花巻空港	ターミナルビル天井落下	3月11日 4：05PM　運用再開（定期便は欠航） 3月17日　定期便運用再開
仙台空港	大津波による冠水・施設流失	3月15日　運用再開（定期便は欠航） 4月13日　定期便運用再開
福島空港	管制塔のガラスほぼ全壊	3月11日　施設点検後運用再開（定期便は欠航） 3月12日　定期便運用再開
茨城空港	ターミナルビル天井落下	3月11日　運用を継続 3月12日　定期便欠航 3月14日　定期便運用再開
山形空港	大きな被害無し	3月11日　地震発生後は施設点検のため運用停止 3月12日　運用再開

は、当日の発災後の定期便は欠航となったが、翌日から民航旅客機の運航を再開した。茨城空港は、ターミナルビルに一部被害があったものの運用を継続し、成田国際空港の閉鎖にともなうダイバート[3]機の受け入れ空港としても機能した。しかし、余震が続き、ターミナルビルの天井部材の落下が危惧されたため、それらの撤去のために、発災翌日から 2 日間にわたって定期便を欠航した。山形空港は、施設に大きな被害はなかったものの、地震当日は日没により航空灯火などの点検ができずに運用を休止したが、翌朝より運用を開始した。これらの空港では、定期便の欠航期間中であっても救援機の運航は 24 時間行われた。また、定期便の運用再開後は臨時便も運航され、仙台空港や新幹線の代替輸送として機能を発揮した。

　一方、仙台市消防ヘリポートは、仙台空港同様に沿岸部に立地しているため津波被害を受けて機能を失った。また、航空自衛隊松島基地も津波による被害を受けたため、発災直後からしばらくの間は運用できなかった。

---

[3]　ダイバートとは、航空機運航において、天候不良などにより当初予定の目的地以外の空港などに着陸すること。

第2章 災害時の航空機運航に関する組織と体制

本章では、災害時に活動する航空機のうち、ヘリコプターに着目し、ヘリコプターを運航する組織（運航主体）とその役割、そして各組織の災害時の全国的な支援体制を概説する。また、東日本大震災時の各運航主体の活動と多様な運航主体が運航するヘリコプターの運用調整に関わる体制を紹介する。

2-1 災害時に活動するヘリコプターの運航主体と役割

災害時に活躍する航空機は、機動性の高いヘリコプターである。ヘリコプターは、運航主体別に、消防ヘリ、防災ヘリ、警察ヘリ、海上保安庁ヘリ、自衛隊ヘリ、国土交通省の災害対策用ヘリ、ドクターヘリなどがある。

消防ヘリは、地震や火災などの災害から人びとの生命、身体および財産を守る目的で導入されており、消防機関である東京消防庁と15政令指定都市の航空隊が運航主体として運用している。

防災ヘリは、消防ヘリと同じ目的で導入されており、38道県の地方自治体の防災部局が運航主体として運用している。なお、防災ヘリは、各都道府県で消防活動にも使用されている。消防ヘリと防災ヘリは、佐賀県と沖縄県を除く45都道府県に配備されており、災害対策活動、火災防御活動、救助活動および救急活動などの消防防災活動を行っている。

警察ヘリは、警察活動を目的で導入されており、各都道府県の警察本部に所属する航空隊が運航主体として運用している。警察活動は、上空からのパトロール、事件・事故発生時の情報収集や捜査・追跡、テロに対する警戒警備、災害発生時の情報収集、水難救助や行方不明者の捜索・救難などである。しかしながら、大規模災害時には、広域緊急援助隊の災害地派遣や、山岳警備隊の配備されている地域の航空隊では遭難者の救助活動も行っている。

海上保安庁ヘリは、海上における治安の維持、海上交通の安全の確保、海難救助などの目的で導入されており、海上保安庁が運航主体として運用している。活動内容から、海上の警察機能を担っているといえる。

自衛隊ヘリは、自衛隊活動のために陸上自衛隊、海上自衛隊、航空自衛隊に

それぞれ配備され、各自衛隊が運航主体として運用している。そのため全国に配置されていること、それぞれの部隊内で整備や給油などもすべて自己完結できる点が他の運航主体のヘリコプターと異なっている。

国土交通省の災害対策用ヘリは、災害救助・復旧活動の支援を目的で導入されており、情報収集に特化したヘリコプターとして地方整備局が運航主体として運用している。

ドクターヘリは、消防からの要請によって、重篤な傷病者のもとに医師および看護師を運び、医療活動を行いながら医療機関に運ぶ活動を目的で導入されており、医療機関や自治体が運航主体として運用している。

表2-1に、ヘリコプターの種類別の運航主体と、それらが担う役割を整理した。ここで、救助や救急などにはさまざまな定義が存在するが、本書では、救助とは、災害現場などの危険な状態から負傷者を救い出すこととする。また、救急搬送とは、医師が航空機に搭乗し傷病者に対して、現場で医療活動を行い、傷病者に対して応急処置を行いながら医療機関まで搬送することとする。

なお、救助では、防災ヘリと警察ヘリのいずれかが出動するが、どちらが出

表2-1 ヘリコプターの種類別の運航主体と担う役割[1]

種類	運航主体	役割			
		救助	救急搬送	情報収集	輸送(人員・物資)
消防ヘリ	消防機関の航空隊	○	○	○	○
防災(消防・防災)ヘリ	都道府県の防災航空隊	○	○	○	○
警察ヘリ	都道府県の警察本部航空隊	△[注1]	△[注2]	○	○
海上保安庁ヘリ	国土交通省海上保安庁	○	○	○	○
自衛隊ヘリ	防衛省(陸上自衛隊、海上自衛隊、航空自衛隊)	○	○[注3]	○	○
災害対策用ヘリ	国土交通省地方整備局	×	×	○	○
ドクターヘリ	自治体・医療機関	×	○	△[注4]	○

注1 救助を実施するのは、救助隊を保有している場合である。
 2 消防・防災ヘリが、何らかの理由で出動できない場合に限定的に行っている。
 3 離島などでは、医師(または医官)が同乗しての救命活動がある。
 4 自治体などが運航主体に入っている場合には情報収集活動も行う場合がある。

動するかは、救助の依頼者が緊急電話を119番にするか110番にするかで決まってくる。

2-2　災害時の全国的な支援体制

(1) 緊急消防援助隊[2]（消防・防災）

　緊急消防援助隊（通称：緊援隊）は、1995年の阪神・淡路大震災を教訓に、全国の消防機関による応援を速やかに実施するために創設された。2004年4月に消防組織法に基づいた部隊として発足した。2016年4月現在では、全国726消防本部（全国の消防本部の約99％）から5,301隊が登録されている。

　緊急消防援助隊は、指揮支援部隊と都道府県大隊で構成される。都道府県大隊は、都道府県隊指揮大隊・消火中隊・救助中隊・救急中隊・後方支援中隊・通信支援中隊・特殊災害中隊・特殊装備中隊・航空中隊・水上中隊から構成されている。それぞれの中隊に属する消防車両や救急車などの車両が派遣され、ヘリコプターは航空中隊として派遣され活動を行う。

　緊急消防援助隊の出動決定は、消防庁長官が被災地の属する都道府県の知事やその他地方公共団体の長等との密接な連携を図ったうえで判断される。また、大規模災害または特殊災害が発生した場合には、被災地都道府県の消防隊だけでは対応しきれないことから、あらかじめ都道府県ごとに応援に駆けつける緊急消防援助隊が定められている。基本的な出動計画は、大規模地震の場合は、最大震度6強以上（東京特別区は6弱以上）で出動し、津波警報の場合は消防庁長官の要請によって、あらかじめ都道府県ごとに決められている緊急消防援助隊（第一次出動都道府県隊）が出動する。また、第一次出動都道府県隊を応援するための二次的に出動する出動準備都道府県隊が定められている。さらに東海地震、首都直下型地震、東南海・南海地震、南海トラフ巨大地震、その他大規模地震については、著しい地震災害が想定され、第一次出動都道府県隊および出動準備都道府県隊だけでは、消防力が不足すると考えられることから、消防庁長官が別に定めるところにより、各地域の被害状況などを踏まえたうえで、全国的規模での緊急消防援助隊の出動を行うこととしている。

　一方、これら他県からの緊急消防援助隊による援助を受ける被災都道府県は、あらかじめ、受援計画を策定しておく必要がある。

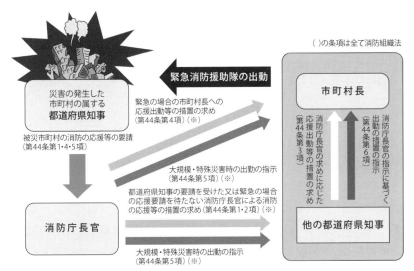

(※)都道府県知事の要請を受けた場合(第44条第1項)と、緊急の場合で都道府県知事の要請を待ついとまがない場合(第44条第2項)がある。

図2-1 緊急消防援助隊の出動スキーム
(出所:総務省消防庁、緊急消防援助隊の概要に基づき筆者作成)

(2) 広域緊急援助隊(都道府県警察)[3]

　警察組織においても消防と同様の全国的な援助体制が整っている。警察庁では、1995年に発生した阪神・淡路大震災を契機に、自然災害や大規模な事故などの大規模災害に即応でき、かつ高度な救出救助能力を持つ災害対策専門のエキスパートチームとして広域緊急援助隊(通称:広緊隊)を創設した。

　広域緊急援助隊は、被災地または被災が予想される地域を管轄する都道府県警察を管理する公安委員会からの援助の要請によって派遣される。広域緊急援助隊は、警察庁の地方機関として東北、関東、中部、近畿、中国、四国および九州の7つの管区警察局のもとに組織されている。

　その後、警察組織では東日本大震災を教訓として、警察災害派遣隊を組織している。警察災害派遣隊は、発災直後に派遣され自活する即応部隊と、発生から一定期間経過後に派遣される被災地の警察の機能を補う目的の一般部隊で編成されている。即応部隊は、広域緊急援助隊、広域警察航空隊、機動警察通信隊、緊急災害警備隊の4部隊がある。この4部隊のうち、広域緊急援助隊は、

救出を行う警備部隊、緊急交通路の確保を行う交通部隊、検視・身元確認などを行う刑事部隊で構成される。広域警察航空隊は、警察ヘリのみで構成され、機動警察通信隊は、各部隊間の通信関係を整備する部隊である。なお、緊急災害警備隊は、被災県警察のニーズに応じて柔軟に活動するための部隊である。

(3) DMAT（災害派遣医療チーム）[4]

　災害が発生すると、DMAT（Disaster Medical Assistance Team）と呼ばれる災害派遣医療チームが、全国から被災地に向けて出動し被災地で医療活動を行う。DMATは、医師、看護師、事務調整員（医師・看護師以外の医療職および事務職員）から編成され、災害発生から48時間の災害急性期に医療活動を行うチームである。DMATは、自身のチームが医療活動するための医療資機材を持参し、被災地まで、緊急車両や自家用車による陸路や自衛隊のヘリコプター・固定翼機、ドクターヘリによる空路で移動する。DMATも緊急消防援助隊、広域緊急援助隊と同様に阪神・淡路大震災を教訓に組織された。

　DMATは、広域医療搬送、病院支援、域内搬送、現場活動等をおもな活動としており、2015年3月時点で、1,426チームが登録されている。広域に被害が生じると被災地の都道府県がDMAT出動要請を行い、DMAT本部が被災地内に参集拠点を設定し、統括DMATの指示のもと、各DMATが連携し活動することとなっている。活動拠点としては、被災地の災害拠点病院と広域搬送を行うために臨時に設けられる医療拠点であるSCU（Staging Care Unit：広域搬送拠点臨時医療施設）がある。災害拠点病院で活動するDMATは、災害拠点病院の医療支援を行い、SCUを参集拠点と指示されたDMATは、運び込まれてくる患者にトリアージ[1]を行い、被災地内の災害拠点病院、被災地外の病院へ搬送などの采配を行う。被災地内では、重傷者に十分な医療を行うことができないため、医師・看護師が同乗し被災地外の病院まで治療を行いながら搬送する。SCUが展開される場所としては空港が適している。その理由は、被災地から被災地外への長距離輸送は自衛隊の固定翼機が使うことを想定し、また、被災地内での救助には、自衛隊、消防・防災ヘリと複数機関の多くのヘリ

---

[1] 医師が、重症度と緊急性によって患者を分別し、治療の優先度を決定し、限られた医療資源を適切に使用するために、患者を黒、赤、黄、緑の4段階で判断する仕組み。

図 2-2　広域医療搬送の活動イメージ
(出所：内閣府　平成 21 年度版　「防災白書」に基づき筆者作成)

コプターが集まる場であることから十分な広さの駐機場を有し、燃料補給ができる必要があるためである。また、SCU が空港に展開されることにより、被災地内で救助活動を行った各種ヘリコプターは、空港の SCU に負傷者を搬送し、すぐに救助活動に戻れるため、救助の効率を高めることができる。また、SCU に待機している DMAT が負傷者をトリアージし、最適な医療を受けられる場所に速やかに搬送することができる。これまでの考え方では、SCU を起点に被災地外の病院に広域搬送することとしていたが、東日本大震災は、被災地が広範囲にわたったことから、被災地内で機能が残っている病院にも患者を域内搬送する仕組みが岩手県で採用され、「花巻モデル」と呼ばれている[5]。

(4) 自　衛　隊[6]

　自衛隊は、陸上自衛隊、海上自衛隊、航空自衛隊から構成されており、各隊が活動する。通常の災害では、都道府県知事の要請を受けて大臣または大臣が指名する者が部隊派遣を行う。しかしながら、東日本大震災では、被害が大きかったことから、陸上自衛隊東北方面総監を指揮官とする「災統合任務部隊」を陸・海・空の 3 つの自衛隊で編成し活動した。この統合運用は、自衛隊創設

以来の最大規模であり、即応予備自衛官・予備自衛官も参加し、約10万7千人の隊員と、航空機543機、艦艇54隻が活動した。災統合任務部隊は、人命救助や生活支援を行ったが、そのなかには、航空機を活用した広域医療搬送活動などがあった。広域医療搬送活動は、医療機関の入院患者や被災地内から病院に運ばれた負傷者などを被災地外の医療機関に送る活動や、被災地への医師などの搬送である。

2-3　各組織における全国的な東日本大震災時の対応の動き

(1)　全国からの支援と全国的な動き

東日本大震災時では、全国から緊援隊、広緊隊、DMAT、自衛隊の各隊が出動した。このうち緊援隊については、関東以西からの消防・防災ヘリが、埼玉県にあるホンダエアポート[2]および福島空港を一次的な進出拠点として目指し、その後各県の被災地へと応援に入っていった（図2-3）。

岩手県には、花巻市に岩手県警察航空隊および岩手県防災航空隊が基地を置いている花巻空港があり、その他に盛岡市内には岩手県警盛岡ヘリポートがある。花巻空港には、燃料や駐機スペースがあることからヘリベース[3]として使用した。なお、太平洋沿岸までは約70km～100kmの距離がある。

宮城県には、仙台空港、陸上自衛隊霞目駐屯地内の霞目飛行場、松島飛行場がある。仙台空港および航空自衛隊の松島飛行場は津波により被災したことから、自衛隊の霞目飛行場がおもに使われた。その他、宮城県では、仙台空港の代替機能として、山形空港をヘリベースとして使用した。しかしながら、山形空港は、太平洋沿岸まで約50km～120kmの距離があるため、途中から宮城県総合運動公園グランディ・21をフォワードベース[4]として燃料補給等に使用

---

[2] 民間管理されているホンダエアポートは、滑走路は600mと短いものの、荒川の河川敷に位置しており、夜間照明も備えていることからヘリコプターの収容能力が高い。同ヘリポートは、埼玉県の消防・防災ヘリの基地であり、埼玉県と災害時における支援協定を結んでいたことから、東日本大震災時に総務省の要請に即座に対応できた。震災直後から被災地までの進出拠点として利用され、震災当日の夜もエプロンや河川敷を利用して、10機程度を受け入れることができた。なお、消防・防災関連ヘリを優先的に受け付け、その他の航空機についてはしばらく断っていた。

[3] ヘリコプターに搭乗する隊員の休息、機材の管理・点検、給油作業、夜間駐機を行う場所である。

[4] ヘリコプターが救助活動等を行うために設置される被災地に近い活動基地。

した（図2-4）。

　福島県には、須賀川市と石川郡玉川村にまたがって福島空港があり、福島県消防防災航空隊が基地を置いている。福島県警航空隊は、福島県福島市に基地

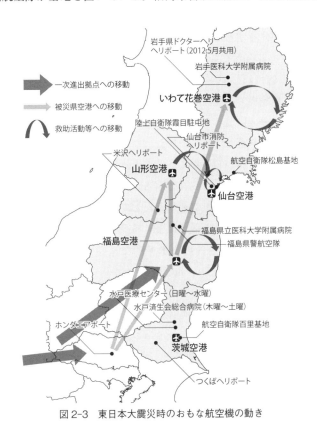

図2-3　東日本大震災時のおもな航空機の動き

図2-4　ヘリベースとフォワードベースと被災地のイメージ

を置いている。福島空港は、ヘリベースとして使用され、太平洋沿岸までの距離は、約50 km～80 kmであるが、ここで、ヘリコプターの運用をするために重要となる施設にヘリベース、フォワードベースがある。ヘリベースとは、夜間などヘリコプターが飛べない時間帯に駐機しておく場所であり、給油や点検・整備、隊員が休息することができる。また、災害時ではなく平常時は、出動に備えて待機する場所である。ヘリベースの代表としてヘリポートがある。フォワードベースとは、ヘリベースと活動場所との距離が離れている場合に設けられる場外離着陸場である。通常であれば、ヘリコプターは離陸後、活動を行いその後ヘリベースに戻って次の活動に備える。しかしながら、大規模災害や救助活動などで繰り返し活動しなければならない場合に、その都度ヘリベースに戻っては、活動時間が短くなる。そのため、活動時間を長く設けられるように設置するのがフォワードベースである。フォワードベースは、救助された被災者の降機、隊員の交代、燃料の給油などを行う場所である。

　ヘリコプターの活動範囲は、機種により多少異なるが1回の給油で2時間程度の飛行が可能である。運航速度を標準的な速度である200 km/hとした場合、各空港から沿岸部までは20～30分程度かかる（図2-5）。図2-6は、救助活動を行っているヘリコプターの1日の活動例を示したものである。ヘリコプターは、1日に空港と被災地域を何回か往復しており、空港を離陸して戻ってくるまで1時間半から2時間を1ミッションとして活動していた。1ミッションにおいて、救助のための被災地域上空でのホバリング[5]の時間を考えると、給油は1往復に1回のペースで行われたと考えられる。

(2) 緊急消防援助隊航空部隊の活動

　東日本大震災は、複数県が被災したことから、あらかじめ想定していた緊急消防援助隊航空部隊の派遣が難しい状況となった。そこで、総務省消防庁は、大震災発生直後に初動対応として、①出動可能隊数の把握（全国から何機派遣することが可能か）、②被災状況の把握（応援必要県、応援必要量、装備）、③受援体制の把握（応援必要県のどこに何機配備できるか）を行った。部隊の

---

[5] ヘリコプターが空中で静止している状態

2-3　各組織における全国的な東日本大震災時の対応の動き

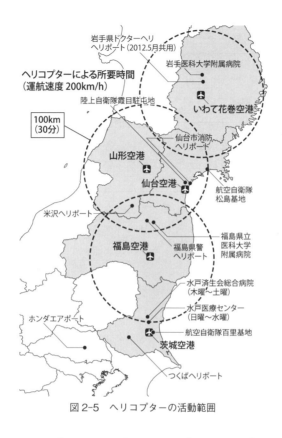

図2-5　ヘリコプターの活動範囲

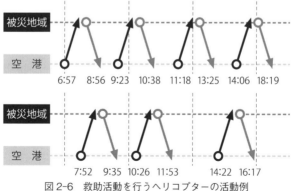

図2-6　救助活動を行うヘリコプターの活動例

投入完了後となる3月12日以降は、①燃料、食料等の補給支援体制の確立、②投入部隊規模の調整、③その他特殊事案への対応、を実施した。

初動では、全国に向けてFAXや消防防災無線等で出動可能隊数を把握し、発災から1時間程度で出動可否の確認を完了して、46機を運用した[7]（表2-2）。被害状況の把握では、11日夕方時点で連絡のつかない消防本部が被災地域で多数存在したことから、「通信途絶消防本部＝深刻な被害」と判断し、部隊運用を実施した。受援体制の把握では、各県のヘリベースとなる空港やヘリポートについて確認を行った。その結果、岩手県は花巻空港、福島県は福島空港がヘリベースとして使用可能であった。宮城県は仙台空港、仙台消防ヘリポート、松島基地が被災し利用不可能であったが、霞目駐屯地のみ利用可能であった。そのため、宮城県は、代替ヘリベースを山形空港にし、調整完了までの一次進出拠点として埼玉県にあるホンダエアポートおよび福島空港を指定した。

部隊投入完了後、消防庁は政府緊急災害対策本部に燃料補給を要請し、宮城県総合運動公園グランディ・21（被災した仙台消防ヘリポートの代替えとして総合運動公園グラウンドを使用）に3月12日〜18日に145,600リットルの供給、福島空港に3月12日〜25日に342,000リットルの供給、霞目駐屯地にJP-4[6]燃料の提供依頼を行った。花巻空港では、民間業者2社との協定に基づき燃料の補給を実施できた。

(3) 広域緊急援助隊の活動

警察組織では、岩手県警察、宮城県警察、福島県警察に対して、全国から最大時で約4,800人が広域緊急援助隊等として派遣された。各警察と広域緊急援助隊が連携し、生存者の救出・救助、被災者の避難誘導、交通規制、被災者支援、身元確認、生活の安全と秩序の維持を行った。

広域緊急援助隊では、先行情報班、救出救助班、交通対策班、検視班、被災者対応班が活動した。これらの活動において航空隊のヘリコプターが活躍し、

6　JP-4とは、燃料の規格のひとつである。航空機が利用する燃料は、民間規格（Jet A、Jet A-1、Jet B）と軍用規格（JP-4、JP-5、JP-8）がある。民間規格のJet Bと軍用規格のJP-4は同一である。

2-3 各組織における全国的な東日本大震災時の対応の動き

表 2-2 緊急消防援助隊航空部隊の状況

受援県	活動受援隊	ヘリベース	派遣期間	延日数	最大応援隊数 ※実働数	受援県ヘリ数	消火可能機体数 (12日)	救助人員 ※暫定値	救急人員 ※暫定値	最大震度
岩手県	北海道、埼玉県、東京消防庁、横浜市、静岡市、浜松市、富山県、三重県、名古屋市、岐阜県、兵庫県、神戸市、島根県、広島市、高知県、北九州市、長崎県、宮崎県	花巻空港	3月11日～5月19日	70日間	14機 (3月14日)	1機	7機	16	180	6弱
宮城県	札幌市、青森県、栃木県、山形県、新潟県、長野県、群馬県、山梨県、和歌山県、東京消防庁、石川県、愛知県、大阪市、京都市、三重県、広島県、鳥取県、徳島県、岡山県、香川県、山口県、北九州市、熊本県	山形空港グランディ・21霞目駐屯地福島空港	3月11日～5月31日	82日間	17機 (3月13日)	1機 (3/14～4/4) 2機	7機	859	366	7
福島県	群馬県、茨城県、福井県、滋賀県、川崎市、千葉県、奈良県、京都市、大阪市、広島市、愛媛県、香川県、福岡市、大分県、鹿児島県	福島空港	3月11日～4月30日	51日間	10機 (3月12日)	1機	7機	31	46	6強
茨城県	埼玉県	つくばHP	3月11日～3月12日	2日間	1機 (3月11日)	1機	0機	3	3	6強
長野県	京都市、大阪市	松本空港	3月12日	1日間	2機 (3月12日)	1機	0機	32	0	6強余震 3月12日
新潟県	東京消防庁	新潟空港	3月12日	1日間	1機 (3月12日)	1機	0機	0	0	6弱余震 3月12日
静岡県	東京消防庁、横浜市	静岡HP	3月16日	1日間	2機 (3月16日)	1機	0機	0	0	6強余震 3月15日

(出所：総務省消防庁提供資料)

発災直後からの情報収集を行うとともに、ウインチ[7]を装備していることから陸路からでは接近できない被災地での救出も行った。また、病院などへの被災者の搬送や、避難所や病院で必要となる食糧や医薬品、全国からの派遣部隊員や無線機の輸送などを行った。警察ヘリは、発災直後からの2か月間に被災3県に対して、35都道府県から延べ834機が派遣され運用された。

(4) **DMAT（災害派遣医療チーム）の活動**

　厚生労働省の報告によると、全国から約340チームが被災地において活動したとされている。通常であれば、DMATは72時間を活動期限として撤収するが、東日本大震災では医療施設が津波によって流出してしまった地域もあるため、DMATとして3月22日まで活動している。今回の震災では、初めて広域医療搬送が実施され、花巻空港、福島県立医科大学、福島空港にSCU（広域搬送拠点臨時医療施設）が、設置された。SCUを使った広域医療搬送が開始されたのは、地震発生から約29時間後の花巻空港からである。SCUに運び込まれた傷病者は、震災による重症者に加えて、震災発生時に被災地内の病院に入院しており医療を提供することが難しい24時間人工呼吸管理が必要なALS（筋萎縮性側索硬化症）の患者や、津波によって孤立した病院に入院していた傷病者などである。

　災害拠点病院およびSCUに運ばれる傷病者には2系統の流れがある。一方が、通常の救急車の要請と同様に、消防へ通報され救急車・ドクターヘリなどが出動し、傷病者を収容し搬送するパターンである。他方が、捜索活動をしている救助ヘリ（救助用の設備を備えた自衛隊、海上保安庁、消防、防災、消防・防災ヘリなど）によって、救出されたうえでSCUに搬送された後に災害拠点病院に搬送されるパターンである（図2-7）。

(5) **自衛隊の活動**[6]

　自衛隊は、大規模な救援活動においては、統合任務部隊を編成する。発災4日目には東北方面総監を指揮官とする災統合任務部隊を編成した。そして、発

---

[7] 物体の上げ・下ろし、運搬、引っ張り作業に用いる機械であり、巻き上げ機とも呼ばれる。

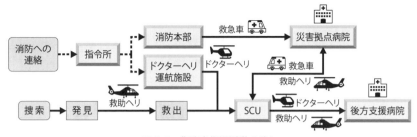

図 2-7　傷病者搬送活動の流れ

災 8 日目には総理指示を踏まえた 10 万人体制の構築を完了するなど、自衛隊の総力を挙げた活動を実施した。

　被災者の捜索や人命救助活動では、警察、消防、海上保安庁等と協力し、津波により孤立した地域や倒壊家屋等から多数の被災者を救出した。水没により孤立した場所では救難ヘリコプター等を活用し、海域では航空機、艦艇等を可能な限り動員したことで、結果として自衛隊は全救助者の約 7 割に当たる約 19,000 名の被災者を救出した。

　物資輸送面では、都道府県で受け付けた救援物資を全国の駐屯地等に集積し、自衛隊の航空機により輸送するスキームを構築した。政府対策本部の輸送業務等を補完し、被災地への救援物資の迅速な輸送に寄与したことで、輸送実績としては 13,906 トンに上った。

(6)　航空会社の臨時便による旅客代替輸送

　東北新幹線が被災したことにより多くの幹線旅客を代替輸送する手段が求められ、高速道路を使用した高速バスとともに、東北の各空港からおもに首都圏や関西方面への臨時便が運航された。

　図 2-8 は、震災後の航空会社による運航便数総計の推移を示している。3 空港ともに新千歳便、東京（羽田）便、大阪（伊丹）便が設定され、山形空港、福島空港では中部便も設定された。花巻空港はターミナルが被災したため 3 月 16 日からの運航となったが、山形空港と福島空港は、震災翌日より臨時便が運航された。花巻空港は 9 日後の 3 月 21 日と 25 日〜27 日が運航便数のピークで、山形空港は 7 日後の 18 日がピークであった。福島空港でも 7 日後の 18

第2章 災害時の航空機運航に関する組織と体制

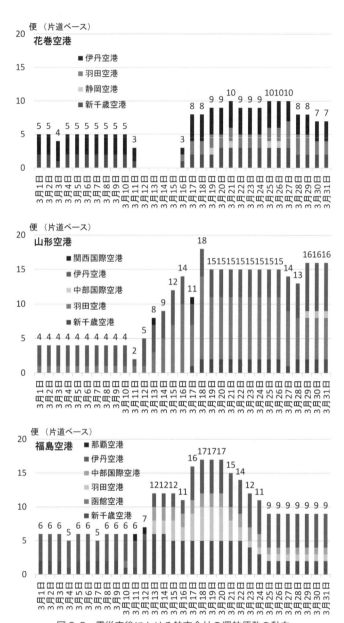

図 2-8 震災直後における航空会社の運航便数の動向

日から 20 日までの 3 日間がピークとなった。3 月 24 日に東北自動車道の全線において一般車の交通規制が全面解除されたものの、花巻空港、山形空港では便数への影響はみられず、福島空港においては中部便・新千歳便が各 1 便減っているが東京便の減便はみられなかった。4 月 29 日に東北新幹線が開通した後、3 空港の羽田便はすべて休止された。

2-4 多様な主体が運航するヘリコプターの運用調整に関わる体制[8]

　災害時にヘリコプターの運航主体は多岐にわたり、安全で効率的な活動を実施するためには、調整や計画等が重要となる。このために岩手県や宮城県など一部の県で設置されているのがヘリコプター運用調整会議である。当該会議は大規模災害等が発生した際に多数のヘリコプターが災害対策活動等に従事する必要が認められる場合に設置され、ヘリコプターの運用調整および安全運航の確保を図るものである。

　このヘリコプター運用調整会議が設置されるようになった背景として 2008 年 6 月の岩手宮城内陸地震[8]があげられる。この時までは、ヘリコプターによる発災直後の初動活動は、各主体の判断で飛行が行われ、情報収集と被災者救助活動が行われていた。しかしながら、その際に多くの要請がひとつの機関に集中したり、ひとつの要請が重複したりすることがあり、各主体同士の活動内容が把握できないといった問題点があった。そこで、防災関係機関の保有するヘリコプター（防災ヘリ、消防ヘリのほか、警察ヘリ、国土交通省のヘリ、海上保安庁のヘリ、自衛隊のヘリ）の関係者が一堂に集まり、これらのヘリコプターを安全かつ有効に活用し、連携した行動がとれるようにするために、ヘリコプター運用調整会議が各都道府県に設置されることとなった。

　東日本大震災直前の 2011 年 1 月に岩手県では「岩手県ヘリコプター等安全運航確保計画」を策定し、関係主体間で共通の航空機相互連絡用周波数（122.6 MHz）を使用することで航空機相互の連携を図ることなどが規定された。東日本大震災では、岩手県と宮城県においてこの会議体が設置されたが、

8　2008 年 6 月 14 日に岩手県内陸南部で発生した、マグニチュード 7.2 の大地震。岩手県奥州市と宮城県栗原市において最大震度 6 強を観測。

表 2-3　宮城県のヘリコプター運用調整会議構成員

所属機関	役　職
陸上自衛隊　東北方面総監部	—
防衛部防衛課航空班	班　長
陸上自衛隊　霞目駐屯地	—
東北方面航空隊本部第三科	科　長
東北方面ヘリコプター隊	副隊長
東北方面管制気象隊	隊　長
陸上自衛隊　神町駐屯地	—
第六師団司令部防衛班	航空運用幹部
第六飛行隊	隊　長
航空自衛隊	—
第四航空団防衛部防衛班	班　長
航空救難団松島救難隊	隊　長
航空保安管制群松島管制隊	隊　長
国土交通省	—
東北地方整備局	防災対策官
東京航空局仙台空港事務所 航空管制運航情報官	次席航空管制運航情報官
東京航空局仙台空港事務所 航空管制官	次席航空管制官
第二管区海上保安本部	—
警備救難部救難課	課　長
仙台航空基地	飛行長
仙台市消防局	—
警防部警防課	課　長
若林消防署荒浜航空分署	消防航空隊長
宮城県警察本部	—
生活安全部地域室地域課	課　長
警備部警備課災害対策室	室　長
宮城県警察航空隊	隊　長
宮城県	—
総務部消防課	課　長
防災ヘリコプター管理事務所	所　長
防災航空隊	隊　長
	機　長

（出所：平成20年岩手・宮城内陸地震ヘリコプター災害対策活動報告書）

福島県では設置されなかった。

表2-3は、宮城県におけるヘリコプター運用調整会議の構成員を示している。陸上自衛隊、航空自衛隊、国土交通省、海上保安庁、仙台市消防局、宮城県警、宮城県という組織構成となっている。このように防災関係機関の関係者

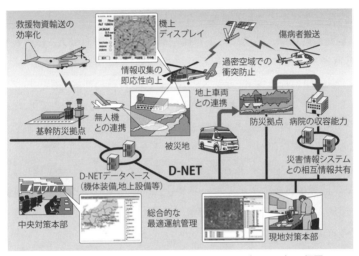

図2-9　災害救援航空機情報共有ネットワーク（D-NET）の概要
（出所：宇宙航空研究開発機構ホームページに基づいて筆者作成）

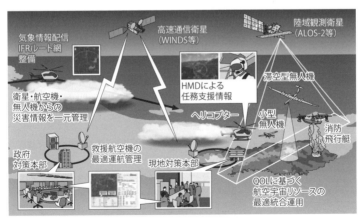

図2-10　災害救援航空機統合運用システム（D-NET2）の概要
（出所：宇宙航空研究開発機構ホームページに基づいて筆者作成）

が一堂に集まり効率的な防災活動を支援している。しかし、宮城県や岩手県のヘリコプター運用調整会議にはドクターヘリ、DMATの関係者が入っておらず、また空港管理者や航空管制担当者もメンバーにはなっていなかった。そのため、すべての関係者の間で調整ができる体制にはなっていなかった。今後は、被災地や空港等における航空機活動に関わる関係機関のすべてが協調した意思決定体制を整えることが重要である。

東日本大震災以降、消防庁と宇宙航空研究開発機構（JAXA）は、航空機の動態管理を行うシステムである災害救援航空機情報共有ネットワーク（D-NET）[9]を開発した[9]。このシステムでは、航空機の活動場所、ミッションの内容を把握することができる。D-NETによって、災害救援ヘリコプター、ドクターヘリなどの航空機と、航空機の運航拠点、災害対策本部、地上の救助隊員との情報の統合化が図ることができるようになった（図2-9）。

また、現在は、災害救援航空機統合運用システム（D-NET2）として、D-NETに陸域観測技術衛星「だいち2号」（ALOS-2）などによる地球観測衛星や小型無人航空機が観測した災害情報データも統合化し、より迅速な救助活動ができるようなシステムを開発している[10]（図2-10）。

【参考文献】
1) 益子邦洋編：「エアレスキュー・ドクターカー」、永井書店、2007
2) 総務省消防庁 HP（http://www.fdma.go.jp/neuter/topics/fieldList5_5_2.html）
3) 警察庁 HP（https://www.npa.go.jp/news/other/earthquake2011/index.html）
4) DMAT事務局 HP（http://www.dmat.jp/）
5) 厚生労働省 災害医療などのあり方に関する検討会 HP
 （http://www.mhlw.go.jp/stf/shingi/other-isei.html?tid=127359）
6) 防衛省 HP（http://www.mod.go.jp/j/approach/defense/saigai/tohokuoki/）
7) 総務省消防庁消防審議会 HP（http://www.fdma.go.jp/neuter/about/shingi_kento/shingi.html）
8) 宮城県災害対策本部ヘリコプター運用調整班：「平成20年岩手・宮城内陸地震ヘリコプター災害対策活動報告書」、2008
9) 宇宙航空研究開発機構 HP（http://www.aero.jaxa.jp/research/star/dreams/dnet/）
10) 宇宙航空研究開発機構 HP（http://www.aero.jaxa.jp/research/star/dnet2/）

---

9 JAXA（宇宙航空研究開発機構）が開発したシステムで、災害時に救援航空機と対策本部等の間で情報を共有化し、最適な運航管理を行うことにより、救援ミッション遂行時の無駄な時間や救援機同士の異常接近を減らすことによって、効率性と安全性を向上させることを目的としている。

第3章　東日本大震災時の航空機運航の実態分析

本章では、震災発生直後に活動した消防・防災ヘリや自衛隊機等が、空からの救急、救助、人員輸送、物資輸送を行うにあたり、どのように被災地内の空港を活用したのかを分析する。分析には、国土交通省航空局より提供を受けた航空機離着陸データ[1]を使用し、東日本大震災時に重要な拠点となった空港がどう使われたのかを明らかにする[2]。

3-1　離着陸回数の状況

(1)　花巻空港の運航者別離着陸回数

図3-1（43頁）は、花巻空港の2011年3月における消防・防災ヘリなどの運航者別の離陸回数と着陸回数を示している。3月12日は、着陸回数が104回、離陸回数が84回と着陸回数の方が20回多い。これは花巻空港がより北側に位置しており、西日本地域からの応援要請機の到着に時間を要したためである。着陸回数をみると震災前の10日までは、1日10回前後の着陸回数で推移しているが、震災翌々日13日の着陸回数は122回であった。この着陸回数は、関西国際空港における1日あたりの着陸回数に匹敵するほどの回数であることから、震災直後の着陸機集中の激しさがわかる。16日、17日の着陸回数が少ないのは、花巻空港の天候が悪く降雪があったためである。花巻空港から三陸海岸地域へ向かう際は北上高地を越える必要があるため、山の天候に出動が左右され、天候が優れない場合は上空からの活動が極端に制限されていた。震災後の着陸回数は、13日をピークとして徐々に少なくなり、23日以降の着陸回数は天候の悪かった26日を除いて、おおむね40回前後で推移していた。

震災後1週間に着目すると、震災当日の11日は天候が悪く救援活動がほぼ

---

[1] データには、東北地方の空港を発地もしくは着地とする航空機の発着時間、飛行目的などが含まれる。
[2] 本章で紹介する内容は、荒谷太郎、平田輝満、長田哲平、花岡伸也、轟朝幸、引頭雄一：東日本大震災時の航空機活動と空港運用の実態分析―いわて花巻・山形・福島空港を対象として―、土木学会論文集D3（土木計画学）、Vol.69, No.5, pp.I_229-I_246, 2013. の内容を加筆修正したものである。

行われなかったため、着陸回数は11回、離陸回数は9回となっている。震災翌日の着陸回数は12日が104回、13日が122回と着陸回数が震災当日の約10倍に増えており、それらの多くが消防・防災ヘリ、ドクターヘリ、自衛隊機で占められていた。これは震災直後の道路網が寸断されているなか、孤立地域に対する活動などへ短時間で行けるヘリコプターへ要請が集中したためである。エアラインは、旅客ターミナルが被災したことにより16日午後から運航を再開しており、16日以降10便程度で推移していた。

(2) 山形空港の運航者別離着陸回数

図3-2（44頁）は、山形空港の2011年3月における消防・防災ヘリなどの運航者別の離陸回数と着陸回数を示している。着陸回数は平常時（震災前）の6倍程度あり、多くは消防・防災ヘリであった。外国軍機の着陸は13日以降27日までの間の14日間にわたってみられた。16日、17日の着陸回数が少ないのは、天候が悪かったためである。

震災後1週間に着目すると、12日、13日は離陸回数より着陸回数の方がそれぞれ4回、2回多く、14日は逆に離陸回数の方が4回多くなっていることがわかる。これは、12日から13日にかけてホンダエアポートや福島空港など一次進出拠点から多くの機体が飛来したためである。運航者別にみると、消防・防災ヘリは12日が最も離陸回数が多く、その後も14日までは消防・防災ヘリが1日の離陸回数の多くを占めていた。自衛隊は12日に離陸回数が10回と集中しているが、それ以降は、30日まで2機程度の離着陸で推移していた。エアラインは、12日に離陸回数および着陸回数が5回あり、その後は、日が経つにつれて離着陸回数が増えていき、16日以降は、15便程度で推移していた。

(3) 福島空港の運航者別離着陸回数

図3-3（45頁）は、福島空港の2011年3月における消防・防災ヘリなどの運航者別の離陸回数と着陸回数を示している。震災前は17回程度の着陸回数で、その多くをエアライン、その他（個人所有の航空機他）で占めており、消防・防災ヘリ、自衛隊等の離陸・着陸はほとんどないことがわかる。震災直後より消防・防災ヘリ、報道機の着陸回数が急激に増えるが、福島第一原子力発

電所(以下、福島第一原発)の原子炉建屋上部で水素爆発と思われる爆発が12日にあり、15日午後からは福島第一原発周辺に飛行禁止区域が設定[3]されたため、報道機の着陸回数は、15日以降2回以下と少なくなっている。

震災後1週間に着目すると、11日は、離陸回数が24回、着陸回数が48回と離着陸回数に大きな差がみられた。震災当日にこれだけの機数が着陸したのは、消防・防災ヘリについては、地理的に福島空港が中日本方面からアクセスしやすく一次進出拠点となったからである。報道機については、震災直後より花巻・山形空港が報道機の受け入れを断ったため、3空港で唯一受け入れを行った福島空港に集中したためである。しかしながら、震災直後に応援等に駆けつけたものの、発災時刻が午後であり、その日は福島空港に到着したところで日没を向かえたため、その日はそれ以降飛行できず、離陸回数と着陸回数に差が生じた。12日は、離陸回数が130回、着陸回数が131回であり、震災翌日になり消防・防災ヘリおよび報道機を中心に出動が大幅に増えていることがわかる。その後、15日、16日は離着陸回数が40回前後に半減している。これは福島第一原発の水素爆発と思われる爆発の影響により飛行制限があったためである。

3-2 飛行目的別離陸回数の状況

表3-1(40頁)は、2011年3月における3空港の飛行目的を体系化したものである。小項目は航空機離着陸データに表記されている飛行目的を示している。データにある目的は多岐にわたるため、まず大項目として平常目的と災害目的に分類した。平常目的は国内線定期便や国際線定期便を中心に、震災とは無関係の目的を分類した。災害目的は、救助や調査、患者搬送、物資輸送、国内線臨時便など東日本大震災に関係する目的を分類、目的が多岐にわたるためさらに中項目を設け、情報収集、救急搬送、救助活動、災害対応、人員輸送、物資輸送、臨時便の7つに分類した。本節では、各航空機がどのような要請(目的)を受けて空港を利用していたのかを把握するため、航空機離着陸デー

---

[3] 国土交通省航空局の資料(参考文献3)より、3月12日8時07分より福島県の原子力発電所周辺の空域について飛行自粛を要請する航空安全情報が発出され、15日11時59分に飛行禁止区域の航空安全情報が発出された。

表3-1 3空港における飛行目的と分類

大項目	中項目	小項目	大項目	中項目	小項目	大項目	中項目	小項目
災害目的	情報収集	写真	災害目的	救助活動	救助	平常目的		国際線定期
		写真撮影			捜索			国内線定期
		報道			救出、搬送			旅客
		被害調査			救助搬送			フェリー
		捜索巡回			捜索救助、搬送			レジャー
		測量、調査		災害対応	災害対策			点検
		調査			消火			点検、検査
		調査、測量			震災対応			訓練
		調査、偵察			電力線巡回			検査、試験
		航空測量			通信中継			巡回（震災前）
		海洋巡回		人員輸送	DMAT輸送			輸送（震災前）
		巡回（震災後）			人員輸送			試験飛行（震災前）
		捜査、調査		物資輸送	緊急物資輸送		その他	その他
	救急搬送	ドクターヘリ			物資輸送			不明
		医療救助			貨物			
		救急救命			輸送（震災後）			
		病院		臨時便	国際線不定期			
		患者搬送			国際線臨時			
		救急医療搬送			国内線不定期			
		救急搬送			国内線臨時			
					要人輸送			
					試験飛行（震災後）			

タの飛行目的に着目する。表3-1の飛行目的別の分類に従い、震災後から日ごとに飛行目的がどのように変化したのかを空港別に明らかにする。

3-2 飛行目的別離陸回数の状況　41

(1) 花巻空港

　図3-4（43頁）は、離陸回数のうち災害目的の離陸のみを抽出し、さらに7つの中項目に分けたものである。救急搬送と人員輸送に着目すると、3月12日から15日が多く、16日以降は少なくなっていた。次に救助活動に着目すると、救急搬送同様に12日から15日に集中しているが、その後は18日、20日、22日に20回を超える日があり、23日以降は13回以下となっていた。物資輸送は、最多で14日の11回であり、その後31日まで途切れることなく1回から9回前後で推移していた。これらはおもに他県からの物資輸送に関わる離陸である。災害目的の割合でみた場合、震災翌日の12日から15日は救急搬送・救助活動が65％以上を占めていた。救急搬送がこの期間多い理由は、12日から17日の6日間にDMAT（災害派遣医療チーム）のSCU（広域搬送拠点臨時医療施設）活動が花巻空港で行われたためである。16日は天候が悪く、比較的悪天候でも飛行可能な固定翼機による物資輸送・臨時便が中心となっていた。17日以降25日までは、災害目的全体の50％以上を救助活動が占めていた。

(2) 山形空港

　図3-5（44頁）は山形空港の災害目的による離陸回数を示している。災害目的による離陸回数は、3月13日が最も多くその後は徐々に減り、31日では16回であった。救急搬送での離陸はほぼなく、救助活動での離陸は12日から22日まで（16日、17日の悪天候日を除いて）連続してあるものの、23日以降31日までは4回と減少した。災害対応は14日、18日に1回、23日に2回と計4回のみであった。情報収集は、11日から15日に多いがそれ以降は1日1回程度であった。物資輸送は、震災後、天候が悪いとき以外は常に行われており、3月末までおおむね同じ割合で推移していた。人員輸送は、震災発生の11日から31日まで1回もみられなかった。救助活動は、震災翌日の12日の割合が最も多く、日が経つにつれて救助活動は少なくなり、臨時便へシフトしていた。

(3) 福島空港

　図3-6（45頁）は、福島空港の災害目的による離陸回数を示したものである。救急搬送は3月12日に5回あるが、13日から15日まではなく、16日よ

り再び5回前後となっている。

16日から離陸回数が増えた理由としては、入院患者の避難などが始まったためである。救助活動は、11日が4回、12日が21回あり、13日以降は半分近くに減っていた。災害対応は、12日に2回、13日、14日、31日に1回程度あるにとどまっている。情報収集は、11日が6回であるが、12日は53回と9倍近くになっていた。これは、被災状況および原発事故関連の情報収集が12日に集中したためと考えられる。物資輸送は、12日が最多の19回であり、その後18日に9回を数えるものの、それ以降においても10回を超える物資輸送はなかった。人員輸送は、震災発生の11日から31日まで1回もみられなかった。臨時便に関しては、12日より毎日運航があり、13日、14日が最も多く12回、3月末である31日は3回であった。福島空港は他の2空港と比較して情報収集の割合が多い特徴がみられた。これは報道機を受け入れたことと福島第一原発に近い空港であることが理由としてあげられる。16日から20日に救急搬送が集中してみられるが、これはいわき市等から患者搬送支援の依頼があった[1]ためである。

3-3 運航者別の駐機状況

前節までの分析において、花巻空港、福島空港では平常時の10倍以上、山形空港では6倍近い離着陸回数が確認できた。1日にこれだけ多くの航空機が飛来した場合、空港施設面で大きな課題のひとつになるのが駐機スペースの確保である。そこで本節では、まず、震災直後より1日の離着陸回数が多い3月11日から14日までの4日間を対象に、離陸回数と着陸回数より駐機数の推計を行った[4]。次に、活動中の各ヘリコプターの駐機時間に着目をして、12日から14日までの各ヘリコプターの駐機時間がどの程度だったかを把握した。

---

[4] 駐機数の推計では、航空機離着陸データより1分ごとの離着陸機をカウントし、着陸機があれば+1、離陸機があれば−1としてカウントし算出した。ただし、データ欠損が存在するため離陸回数と着陸回数には誤差があり、さらに3月11日以前に駐機している機が何機いたのか（元々空港に駐機していた機数）が航空機離着陸データからは把握できない。以上のことから、3月11日0:00の時点では駐機数は0機と仮定を置きつつ、算出過程で離陸回数の方が多く駐機数が負となった場合は、3月11日0:00時点の駐機数を増やし、全体が負にならないように補正した。

3-3 運航者別の駐機状況

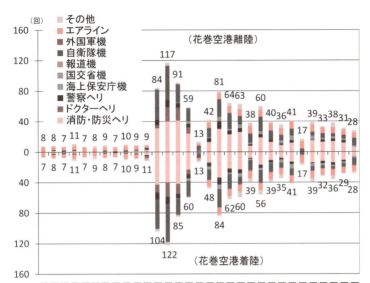

図 3-1　花巻空港の運航者別離陸・着陸回数（2011 年 3 月）

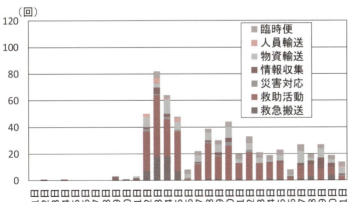

図 3-4　花巻空港における災害目的による離陸回数（3 月）

44　第3章　東日本大震災時の航空機運航の実態分析

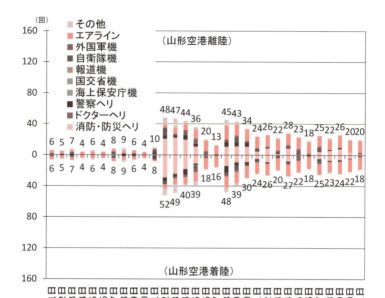

図 3-2　山形空港の運航者別離陸・着陸回数（2011 年 3 月）

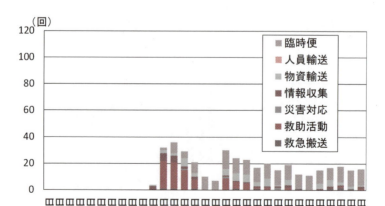

図 3-5　山形空港における災害目的による離陸回数（3月）

3-3 運航者別の駐機状況

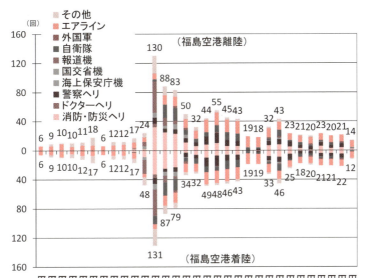

図 3-3　福島空港の運航者別離陸・着陸回数（2011年3月）

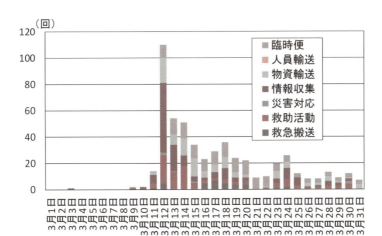

図 3-6　福島空港における災害目的による離陸回数（3月）

第3章　東日本大震災時の航空機運航の実態分析

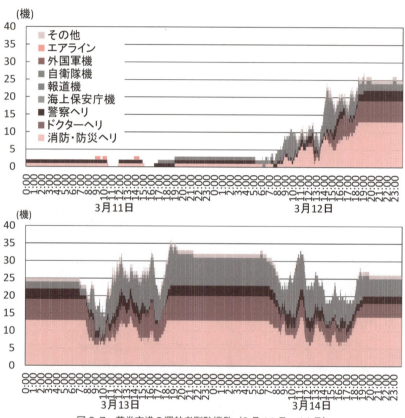

図3-7　花巻空港の運航者別駐機数（3月11日〜14日）

3-3 運航者別の駐機状況

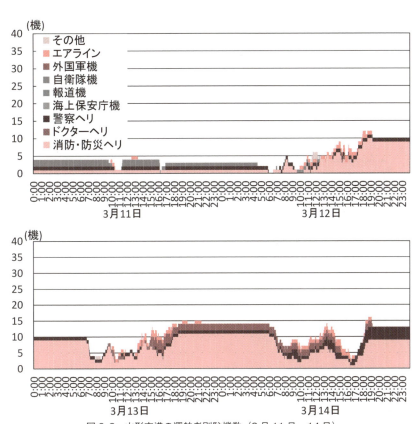

図 3-8　山形空港の運航者別駐機数（3月11日〜14日）

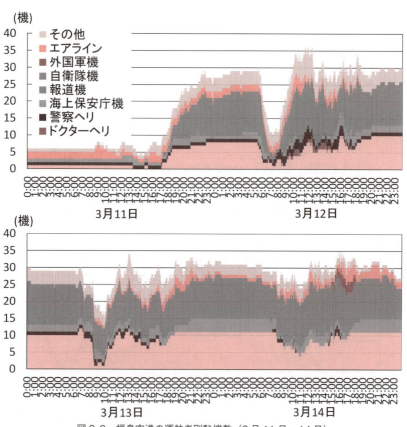

図 3-9 福島空港の運航者別駐機数(3月11日〜14日)

3-3 運航者別の駐機状況

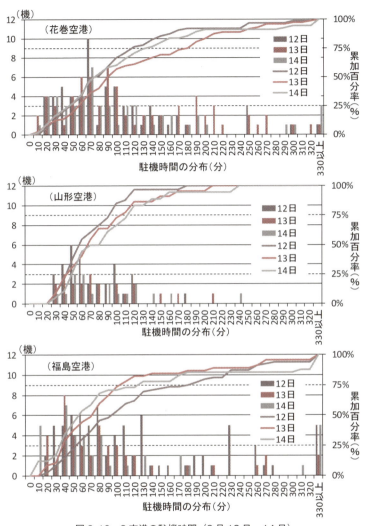

図3-10 3空港の駐機時間（3月12日〜14日）

(1) 花巻空港

図3-7（46頁）は、3月11日から14日までの花巻空港における消防・防災ヘリなどの運航者別の駐機数の推移を示している。11日の震災当日は、駐機数に変化がほとんどなく17時頃に自衛隊機が1機駐機している状態であった。これは震災当日の花巻空港周辺の天候が悪かったことに加えて、震災発生から日没までの時間が短かったため、他県から花巻空港まで到達することができなかったためである。翌12日になると8時頃より消防・防災ヘリ、自衛隊機が徐々に駐機しはじめ、10時頃よりさらに消防・防災ヘリの駐機数が増えていた。また12日の夜は自衛隊の駐機が少ない。これは八戸に自衛隊基地があり、夜は基地へ戻っていたためである[5]。13日は、6時頃から救助等の災害対応のため駐機数が減少し10時頃には15機程度の駐機数となるが、その後12時頃になると30機を超える駐機数となっていた。これは、ヘリコプターの飛行可能時間が2時間程度であり、同じ時間に離陸した機はどの機も2時間程度の活動後に空港に戻るため、同じ時間に着陸が集中したと考えられる。この現象は14日にも表れており、6時頃から駐機数の減少が始まって、9時頃には駐機数が再び増えていることがわかる。

花巻空港における公的機関ヘリ（消防・防災ヘリ、警察、ドクターヘリ等）の駐機スポット容量は通常19機程度（第4章参照）であったが、13日には誘導路等を活用して一時的に35機を超える機数が空港に駐機していた。夜間や昼間ピーク時には常設スポットの容量を超えて使用している様子がみられた。また、早朝に航空機の離陸が集中し、その4時間後には着陸機が集中している傾向が駐機数の分析結果からもみられた。

(2) 山形空港

図3-8（47頁）は、3月11日から14日までの山形空港における消防・防災ヘリなどの運航者別の駐機数の推移を示している。山形空港では震災当日11日は駐機数に大きな変化がみられなかったが、12日6時頃には消防・防災ヘリ、自衛隊機の駐機数が一時減り、8時頃になると消防・防災ヘリの駐機数が

---

[5] 参考文献2）より、岩手県へは陸上自衛隊第9師団（青森県八戸市）が入ったことが確認されている。

増えていた。12日17時頃より消防・防災ヘリの駐機数が9機程度になり駐機スポット数の制約一杯に駐機（最大10機、第4章参照）していることが伺える。その後多くの機体が13日の朝まで駐機していた。13日は6時頃より再び5機程度消防・防災ヘリの駐機が減り、17時頃に再び消防・防災ヘリの駐機が増えてきていた。山形空港では、13日の駐機数が最も多く、一時17機の機体が空港に駐機していた。また駐機数は17時から翌早朝6時が最も多くなる傾向がみられた。

(3) 福島空港

図3-9（48頁）は、3月11日から14日までの福島空港における消防・防災ヘリなどの運航者別の駐機数の推移を示している。11日は、震災当日の17時過ぎより消防・防災ヘリと報道機の駐機数が増えてきていた。12日は、5時以降に消防・防災ヘリと報道機の駐機数が急激に少なくなり、その後8時頃になると再び駐機数が増えてきていた。これは、早朝は夜明けとともに一斉に活動を開始して一定時間の活動後に帰還するとともに、他空港・他地域からの福島空港到着便が同様に早朝に出発して福島空港に到着しているからである。13日は、12日同様に6時頃より災害対応のため急激に駐機数が減り10時にかけて駐機数が再び増加している。これは12日同様に午前中に出動した機が戻ってきているためと考えられる。その後は、おもに消防・防災ヘリ、報道機、自衛隊機が駐機と出動を繰り返していた。14日は、12日、13日とは違い、午前中の駐機数の減少があまりみられなかった。これは離陸時間が分散したためと考えられる。

(4) 駐機時間の比較

各航空機が日中の活動時間にどの程度の駐機時間であったのかを把握するために、図3-10（49頁）に、3月12日から14日まで3空港の駐機時間のヒストグラム（10分単位）を作成[6]した。なお、駐機時間の大小は給油待ち、乗員

---

[6] 駐機時間の算出は、航空機離着陸データの着陸時間と離陸時間の差分で求めているが、欠損値のあるデータ、エアライン（定期便・臨時便）、日を跨いで駐機するデータ（夜間に駐機した機体）は除いている。

交代、要請待ちなどが影響するが、それら要因までは必ずしも特定できていない。空港によって、また日時によって差はあるが、半数程度は1時間以内の駐機時間となっており、早い機では10分前後で再離陸している様子がわかる。

花巻空港では12日の70分が最頻値の10機を示し、最も多くなっている。駐機時間がある程度長いデータは要請がないときの駐機とも考えられ、それらのデータへの影響を排除するため中央値でデータを比較すると、12日が76分、13日が93分、14日が72分と花巻空港の着陸回数が最大の13日の駐機時間が最も長くなっており、その差は21分であった。

山形空港では他の2空港と違い着陸数が少ないが、中央値をみると12日が58分、13日が70分、14日が77分であり、着陸回数が最大であった12日の方が駐機時間の短い傾向となった。山形空港は宮城県の被災地に対する救援航空機のヘリベースとして活用されたが、12日はフォワードベースが立ち上がっておらず、山形空港から直接被災地域へ活動するミッションが多かったためである。

福島空港では、13日の40分が最頻値である。中央値をみると12日が93分、13日が72分、14日が59分であり、花巻空港同様、着陸回数が最大であった12日が最も長い駐機時間を示した。福島空港は3空港の中で唯一報道機を受け入れており、12日の駐機時間は消防・防災ヘリ、ドクターヘリ、警察ヘリ、海上保安庁機の駐機時間が中央値63分と短く、報道機の中央値は155分と長い値を示した。福島空港では小型機用の給油車両が1台しかなく防災機を優先したことも影響している可能性がある。

花巻空港、福島空港では着陸回数が最も多い日で駐機時間も長くなっており、中央値は両空港とも90分程度であった。災害時に着陸回数が多くなると、駐機時間が長くなる傾向があることが明らかとなった。一方、山形空港は、着陸回数の多い日の駐機時間が短く、日が経つにつれて駐機時間が長くなっており、これは宮城県のフォワードベース設置の関係で山形空港を拠点とした活動が少なかったためである。

3-4　3空港の利用状況の比較

花巻空港、山形空港、福島空港の3空港の比較をわかりやすく表現するため

3-4 3空港の利用状況の比較

表3-2 発災後4日間(3月11日～14日)の運航者別飛行目的別の合計離陸回数

		消防・防災ヘリ	ドクターヘリ注	警察ヘリ	海上保安庁機	報道機	自衛隊	外国軍	エアライン	その他	総計
花巻空港	平常目的	5	—	—	—	—	—	—	3	1	9
	災害目的 救急搬送	10	31	—	—	—	2	—	—	—	43
	救助活動	74	—	8	1	—	20	—	—	1	104
	災害対応	2	—	—	—	—	3	—	—	—	5
	情報収集	3	—	6	—	—	—	—	—	1	10
	人員輸送	2	—	—	—	—	—	—	—	5	7
	物資輸送	14	1	3	—	—	5	—	—	—	23
	臨時便	—	7	—	—	—	—	—	—	—	7
	その他	5	1	7	—	1	78	1	—	—	93
	花巻空港 集計	115	40	24	1	1	108	1	3	8	301
山形空港	平常目的	1	—	—	—	—	—	—	14	2	17
	災害目的 救急搬送	1	1	—	—	—	—	—	—	—	2
	救助活動	50	—	3	—	—	—	—	—	3	56
	災害対応	1	—	—	—	—	—	—	—	—	1
	情報収集	3	—	8	—	—	—	—	—	5	16
	人員輸送	—	—	—	—	—	—	—	—	—	—
	物資輸送	6	—	2	—	—	—	—	—	3	11
	臨時便	—	—	—	—	—	—	—	10	5	15
	その他	2	—	—	—	—	16	7	—	6	31
	山形空港 集計	64	1	13	—	—	16	7	24	24	149
福島空港	平常目的	3	—	—	2	—	—	—	12	3	20
	災害目的 救急搬送	2	4	—	—	—	—	—	—	—	6
	救助活動	36	—	3	14	—	—	—	—	3	56
	災害対応	1	—	2	—	—	—	—	—	—	3
	情報収集	14	—	5	2	61	—	—	—	5	87
	人員輸送	—	—	—	—	—	—	—	—	—	—
	物資輸送	15	—	1	4	3	—	—	—	19	42
	臨時便	1	1	—	—	—	—	—	28	5	35
	その他	10	—	8	—	1	38	3	—	16	76
	福島空港 集計	82	5	19	22	65	38	3	40	51	325

注 ドクターヘリは民間の産業航空事業者へ運航委託を行っているため、飛行目的が臨時便として計上される場合がある。

に、表3-2に3空港の3月11日から14日まで（4日間）の運航者と飛行目的別の離着陸回数のクロス集計結果を示す。まず、4日間の合計離陸回数をみると、花巻空港301回、福島空港325回と、山形空港149回の2倍以上の離陸回数があり、津波被害の大きかった沿岸部に近い空港が多く利用されていたことがわかる。一方で山形空港は、宮城県の被災地に対する航空機のヘリベースとして利用[7]されたことや消防・防災ヘリの駐機スポット数が最大10機であったことなどにより、他の2空港より利用が少なかったと考えられる。

エアラインをみると、花巻空港、山形空港では、それぞれ、3回[8]、24回であるのに対し、福島空港は40回と他の2空港より多くなっている。これは、花巻空港は、ターミナルが被災し航空会社の利用が16日までできなかったためである。

救急搬送をみると、花巻空港はドクターヘリ31回、消防・防災ヘリ10回、自衛隊2回、山形空港はドクターヘリ1回、消防・防災ヘリ1回、福島空港はドクターヘリ4回、消防・防災ヘリ2回であり、救急搬送ではおもにドクターヘリが活躍していたことがわかる。救助活動をみると、花巻空港、山形空港、福島空港ともに消防・防災ヘリの離陸回数が最も多くなっている。情報収集は、花巻空港、山形空港では県警ヘリでの離陸回数が多いが、福島空港では報道機での離陸が多くなっている。物資輸送では、3空港ともに消防・防災ヘリでの離陸回数が多くなっている（ただし、自衛隊機はその他に多くの災害目的の活動が含まれている）。

これらより災害時における航空機活動の傾向は、救助活動は3空港ともに消防・防災ヘリによる回数が多かった。救急搬送はDMATによるSCUが設置された花巻空港のドクターヘリが突出して多く、それに加えて消防・防災ヘリが多い傾向であった。情報収集では、警察ヘリ、消防・防災ヘリが多いが、報道機を唯一受け入れた福島空港に限っては、報道機による情報収集が多く行われていた。

---

[7] フォワードベースは宮城県内で場外離着陸場（宮城県総合運動公園グランディ・21）であり、詳しくは第4章を参照。
[8] 花巻空港の3回は発災前のエアラインの離陸回数である。

【参考文献】
1) 財団法人全日本病院協会：東日本大震災における全日病の対応状況、http://www.ajha.or.jp/topics/110311earthquake/action.html、2013年2月19日確認。
2) 笹本浩：東日本大震災に対する自衛隊等の活動〜災害派遣・原子力災害派遣・外国軍隊の活動の概要〜立法と調査 2011.6 No317.
3) 国土交通省航空局技術部運航課：原子力発電所周辺の区域における飛行禁止措置について、http://www.mlit.go.jp/common/000138346.pdf、2016年6月19日確認。

第4章　東日本大震災時の空港運用の実態と課題

　本章では、関係者へのインタビュー調査をもとに、東日本大震災時の東北の主要空港における施設被害、復旧状況を整理するとともに、消防や警察などの救援救助活動の実施主体やそれを支える空港等の運用実態を詳細に紹介する。また、事前の訓練・準備状況も踏まえつつ、運用上の課題を明らかにする。4-1では花巻空港、4-2では山形空港および宮城の場外離着陸場、4-3では福島空港の運用実態と課題をそれぞれ紹介し、4-4でまとめと考察を行う。

4-1　花巻空港

(1)　花巻空港の施設概要

　花巻空港は岩手県が管理する地方管理空港であり、2,500 m滑走路1本を有する。2009年4月に空港東側に新ターミナルがオープンし、震災時には平行誘導路の整備が完了していた（2011年7月に供用開始）。県空港事務所、東京航空局花巻出張所、県防災航空センター、県警のオフィスは、空港西側の旧ターミナルエリアに残っていた。エプロンの総面積は81,093 m^2 であり、新ターミナルエリアに大・中型ジェット機用のスポット（ボーディングブリッジ）が2か所、小型ジェット機用のスポットが2か所、プロペラ機およびリージョナルジェット機用のスポットが1か所、また、旧ターミナルエリアには小型機用のスポットが19か所確保されていた。

(2)　東日本大震災による花巻空港の被害

　花巻市の震度は6弱であったが、空港の滑走路・エプロン等の基本施設や航空灯火に被害はなく、場周道路の一部が崩壊したのみであった。そのため、点検後すぐに空港の運用を再開した。一方、旅客ターミナルビルでは壁や床の一部にクラックが入り、天井埋め込み機器の一部が落下し、変圧器3台のうち2台が全損した。これら被害状況を受けた建物の安全確認および復旧工事のため、ビルは3月16日午前まで閉鎖された。ライフライン系では、発災直後から3月13日9時7分まで停電したため、その間は予備発電機で対応した。予

備発電用の燃料は7,600リットルあり、約3日分を想定していた。上下水道、ガスの被害はなかった。

(3) **発災後の空港運用の概要**
① **運用時間延長、空港利用制限**
　震災直後にノータム[1]を発出し、空港を閉鎖した。空港施設を点検後、運用に支障が生じる被害がなかったことから16時37分に運用を再開した。条例による通常の空港運用時間は8時～19時30分であるが、発災当日から実質的に24時間運用とした。国土交通省東京航空局花巻空港出張所（CAB）により、正式には3月12日までは運用時間の延長で対応し、13日から24時間運用化を行った。その後、4月1日～20日は3時間延長（7時から20時30分）、4月21日～5月31日は1時間延長（20時30分まで）、6月1日から通常運用とした。空港の利用制限に関しては、災害対応機を優先するため、3月31日まで報道ヘリ等は使用禁止とした。
② **各エリアの使用方法**
　災害対応機、旅客便等をスムーズに駐機させるため、CAB、エアライン、自衛隊、県空港事務所の4者で調整を行い、東側の新エプロンの2スポットをエアライン、残り2スポットを自衛隊に割り当て（ただし5月13日からエアライン3スポット、自衛隊2スポット）、西側の旧エプロン19スポットは公的機関の災害救援ヘリ等に割り当てた。それでも駐機スペースが不足したため、西エプロンのデッドスペースを公的災害救援ヘリのために活用したほか、未供用の平行誘導路を自衛隊ヘリの臨時駐機場として活用した。また、東側にある除雪車庫を支援物資倉庫と自衛隊指令室として活用し、西側の消防車庫はDMAT（災害派遣医療チーム）のSCU（広域搬送拠点臨時医療施設）として活用した。その他、県空港事務所の対策本部は停電の関係もあり、東側の電源局舎を使用した。

---

[1] ノータム（NOTAM：notice to airmen）とは、安全運航のために航空局から運航関係者に出される情報で、一時的なものと緊急を要するものがある。内容は、飛行場、航行援助施設、運航に関連のある業務方式の変更、軍事演習のように空中の危険状態に関するものなどである。（出所：http://www.jal.com/ja/jiten/dict/p316.html）

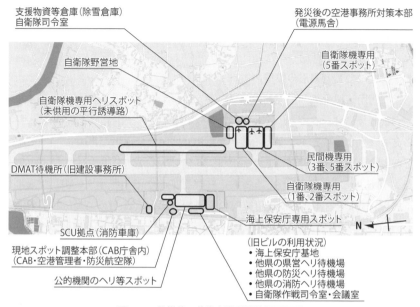

図 4-1　発災後の花巻空港利用状況平面図
(出所：岩手県県土整備部空港課提供資料に基づいて筆者作成)

③　2008年岩手宮城内陸地震の経験とヘリ運用調整班活動計画の策定

　2008年6月14日、8時43分に岩手県内陸南部でマグニチュード7.2の地震が起き、消防・防災、県警、海上保安庁、自衛隊のヘリによる救助活動等が実施された。この時、他県からの受援や異なる関係主体間の航空機相互の連携における課題が明らかとなり、その後ハード面、ソフト面の見直しを岩手県にて実施した。なかでも特に重要な取組みとして「岩手県ヘリコプター運用調整班活動計画」の策定（2010年1月）があげられる。この運用調整班は県の災害対策本部内に設置され、県防災航空隊、県警、自衛隊等、すべての災害対応の航空機運航者の代表者が一堂に会して運用方法の調整を行う会議体である。その後、東日本大震災直前の2011年1月には「岩手県ヘリコプター等安全運航確保計画」を策定し、このなかでは県防災航空隊など上記の関係主体間で共通の航空機相互連絡用周波数（122.6 MHz）を使用することで航空機相互の連携を図ることなどが規定された。また毎年9月には県の防災訓練が行われてお

写真 4-1　発災後の花巻空港の状況
(出所：岩手県県土整備部空港課、岩手県防災航空隊提供資料)

り、2010年は花巻空港でSCU開設訓練を実施していた。これには自衛隊も参加した。このような過去の経験をとおして、関係者間で顔の見える関係を構築し、空港エプロンの運用調整や燃料供給体制についても計画や取り決めがなされ、東日本大震災では花巻空港における航空機活動が比較的スムーズに展開された。

(4)　災害対応活動の実態と課題
　① 空港運用全体に関わる意思決定体制
　空港基本施設の運用時間と駐機場所は、花巻CAB、JAL花巻、自衛隊、県空港事務所による現地調整、ならびに県庁内に設置されている「ヘリコプター運用調整会議」内での調整、国土交通省航空局等からの要請などにより、花巻空港事務所長が決定した。
　3月12日～17日の間は、午前、午後の2回、関係機関連絡調整会議を旅客ターミナルビル内で開催した。参集機関は、花巻CAB、JAL花巻、自衛隊、県

空港事務所、県警（空港派出所）、ビル会社、警備会社、ビル内各テナントである。

② エプロンの運用、燃料補給

本節では、関係主体全体に関わる点として、エプロンの運用と燃料補給体制について、次節以降は各主体別に活動実態と課題をまとめる。

まず、エプロンの運用については、前述のとおり、関係主体ごとに使用エリアを区分けし、東側の新ターミナル側のエプロンと平行誘導路を自衛隊と航空会社が使用し、西側の旧ターミナル側のエプロンを消防防災と県警が使用した。花巻空港では震災前に東側の新ターミナルエリアが供用開始され、平行誘導路の整備も完了していたため、震災時には比較的広い駐機スペースが確保できた点は幸運であった。加えて、前述のとおり岩手宮城内陸地震の教訓を生かして設置されたヘリコプター運用調整班にて、異なる組織間の調整がスムーズに実施された。さらに、西側エプロン部ではCAB庁舎内の航空管制運航情報官室に防災航空隊・県空港事務所・CABの3者を配置し、おもに消防防災ヘリと県警ヘリに対するスポットの配分と誘導、燃料補給の優先順序付けを共同で実施した。この共同作業は事前に取り決めをしていたわけではなく、自然発生的に組織された。つまり、スポットアサインメント[2]の権限は県、航空機への無線通信はCAB、運航は防災航空隊と県警、という構図になっていることを背景に、どのように効率的に運用できるかを関係者間で話し合った結果、航空管制運航情報官室に3者が集まり、

① CAB（航空管制運航情報官）による飛行計画情報の提供
② 県と防災航空隊によるスポットアサインメント
③ CABから航空機へのスポット指示
④ 防災航空隊によるマーシャラー[3]への誘導指示（トランシーバー使用）

という流れで運用することになった。併せて給油の調整も実施し、燃料補給体制の確保をしていたため給油の順番待ちは発生しなかった。

燃料補給については、岩手宮城内陸地震の際に燃料不足が課題となったことを契機に、小型機ヘリへの給油体制が1社（12kℓの給油車両）のみであった

---

[2] 各航空機がどのスポット（場所）に駐機をするか決めること。
[3] エプロンでヘリコプターの誘導作業をする担当者

従来の体制から、エアラインへの給油会社（12 kℓ の給油車両）と岩手県（航空防災センター）の2者間で災害時給油協定を締結していた。これにより2者同時給油が可能となり、輻輳時でもスムーズな給油が実施された。ちなみに、岩手宮城内陸地震では4日間の活動期間だったが航空機が集中し、燃料不足やエプロンの混雑が生じた一方、東日本大震災時には最大でも15分程度の給油待ち時間であった。

　燃料貯蔵タンク等への補給は、通常、エアラインへの給油会社が八戸から、小型ヘリへの給油会社が仙台塩釜港から搬入しているが、震災時には津波被害により入荷が困難であった。しかし、3月15日に日本海側の秋田港ルートからエアラインへの給油会社が100 kℓ、小型ヘリへの給油会社が10 kℓ を陸送で搬入できた。なお、自衛隊は自ら燃料を搬入し、補給を実施していた。

　また、給油会社は貯蔵タンクから給油車両への燃料搭載作業を通常、電動ポンプで行うが、停電のためタンクとの水頭差を利用した搭載で対応した。この方法は、通常より時間を要するので、非常発電機等の手配を事前に決めておく必要がある[4]。

③　各主体別の活動実態と課題

1）岩手県空港事務所

　通常時は職員13名（平成23年度から3名定数減）、臨時職員2名、非常勤職員10名の計25名の交代勤務であったが、東日本大震災時には職員16名、臨時職員2名、非常勤職員10名、応援職員（空港事務所OB）6名の計33名体制で、3月31日までの24時間運用時は2班に分け、12時間ごとの臨時的な勤務体制とした。また、3月11日から消防業務受託者および花巻空港電源局舎管理受託者も運用時間延長に対応し、3月12日から除雪業務受託者が物資、SCU、ゲート対応業務を補完した[5]。

　物資輸送については、震災後、自衛隊による緊急物資等の空路輸送が行われ、3月15日まではDMAT輸送がおもな活動であった。3月16日からは水、食料、生活用品等の輸送が中心となった。宮城県の自衛隊松島基地が使えな

---

[4] 君成田忠伸：いわて花巻空港における「東日本大震災」への対応について、第12回空港技術報告会（国土交通省航空局）、pp.38-43、2011年12月．
[5] 同上

表 4-1 花巻空港における救援物資等の状況

月　日	花巻着	花巻発	機　種	内　容	機種所属	計	日本航空の国内線運航状況	備　考
3月12日	6:09	6:47	C-1	DMAT輸送	自衛隊	9機	－	灯火24時間運用
	8:41	10:12	C-130	DMAT輸送	自衛隊			
	9:30	10:36	C-130	DMAT輸送	自衛隊			
	13:48	14:34	C-130	DMAT輸送	自衛隊			
	14:03	14:47	C-130	DMAT輸送	自衛隊			
	15:05	20:02	C-1	DMAT輸送	自衛隊			
	15:53	16:59	C-1	DMAT輸送	自衛隊			
	17:28	18:27	C-130	DMAT輸送	自衛隊			
	22:42	23:12	C-1	DMAT輸送	自衛隊			
3月13日	11:03	11:35	C-1	DMAT輸送	自衛隊	4機	－	CAB 74時間運用
	11:20	11:49	C-1	DMAT輸送	自衛隊			
	12:45	13:47	C-1	DMAT輸送	自衛隊			
	18:28	21:26	C-1	DMAT輸送	自衛隊			
3月14日	10:24	10:52	C-130	DMAT輸送	米軍	2機	－	
	18:11	19:52	C-1	DMAT輸送	自衛隊			
3月15日	12:10	14:59	C-1	DMAT輸送	自衛隊	5機	－	
	16:53	19:12	C-1	DMAT輸送	自衛隊			
	17:50	19:45	C-1	DMAT輸送	自衛隊			
	20:28	21:43	C-1	DMAT輸送	自衛隊			
	21:30	22:19	C-1	DMAT輸送	自衛隊			
3月16日	9:37	11:34	C-130	水	自衛隊	3機	3往復	被災地輸送
	10:04	12:02	C-1	水	自衛隊			
	16:39	19:32	C-1	水	自衛隊			
3月17日	9:36	10:23	C-1	DMAT輸送	自衛隊	9機	8往復	トラック8台
	10:57	12:50	C-130	粉ミルク	自衛隊			
	11:32	13:47	C-1	ビスケット	自衛隊			
	11:47	14:17	C-130	水	自衛隊			
	16:18	17:45	C-130	水	自衛隊			
	17:26	18:57	C-1	ガスフィルタ、マスク	自衛隊			
	17:40	19:42	C-130	牛乳	自衛隊			
	23:38	0:50	C-1	ガスフィルタ、マスク	自衛隊			
	0:26	1:29	C-1	牛乳	自衛隊			
3月18日	8:27	9:19	C-1	菓子パン	自衛隊	9機	8往復	トラック15台
	12:05	12:46	C-1	ブルーシート	自衛隊			
	12:36	14:27	C-1	菓子パン	自衛隊			
	13:21	15:15	C-130	菓子パン	自衛隊			
	14:49	14:49	C-130	牛乳、ブルーシート	自衛隊			
	14:57	16:41	C-1	米	自衛隊			
	16:07	16:53	C-1	ブルーシート	自衛隊			
	18:21	20:27	C-1	米	自衛隊			
	18:48	20:32	C-130	遺体収容袋、おにぎり	自衛隊			
3月19日	9:18	10:54	C-130	菓子パン	自衛隊	12機	8往復	トラック8台
	10:03	11:03	C-1	ブルーシート	自衛隊			
	10:47	11:54	C-1	ビスケット	自衛隊			
	11:35	12:59	C-1	ブルーシート	自衛隊			
	12:29	13:47	C-1	特殊ミルク	自衛隊			
	13:41	14:23	C-130	菓子パン	自衛隊			
	15:04	15:50	C-130	水、トイレ、おむつ	自衛隊			
	15:21	17:33	C-130	ゼリー	自衛隊			
	16:57	18:15	C-130	ブルーシート	自衛隊			
	17:11	18:37	C-1	ブルーシート	自衛隊			
	19:24	20:10	C-130	医薬品	米軍			
	21:00	21:40	ERJ	（静岡県医師会医療団45名）お茶	フジドリームエアラインズ			
3月20日	9:03	9:42	C-1	トイレットペーパー	自衛隊	8機	9往復	トラック9台

（出所：岩手県県土整備部空港課提供資料）

4-1 花巻空港

月 日	花巻着	花巻発	機種	内容	機種所属	計	日本航空の国内線運航状況	被災地輸送
3月20日	10:34	11:22	C-1	トイレットペーパー	自衛隊	8機	9往復	トラック9台
	12:35	13:09	C-1	トイレットペーパー	自衛隊			
	14:36	15:39	C-1	トイレットペーパー	自衛隊			
	18:59	20:28	C-130		米軍			
	19:10	20:00	B737-8	中国レスキュー隊帰国	中国国際航空			
	19:14	20:54	C-130	菓子パン	自衛隊			
	20:22	21:24	C-130	菓子パン	自衛隊			
3月21日	5:32	6:25	C-130	ウィダーインゼリー	米軍	9機	9往復	トラック17台
	9:44	10:49	C-1	水	自衛隊			
	10:28	11:32	C-130	水	自衛隊			
	11:04	12:15	C-130	水	自衛隊			
	12:57	13:30	C-1	水	自衛隊			
	15:00	16:11	C-130	水	自衛隊			
	16:24	17:42	C-130	水	自衛隊			
	18:13	19:40	C-130	菓子パン	自衛隊			
	20:15	21:05	ERJ	(静岡県医師会医療団61名)紙おむつ	フジドリームエアラインズ			
3月22日	9:20	10:37	C-130	食パン	自衛隊	8機	9往復	トラック13台
	9:35	11:14	C-130	食パン	自衛隊			
	10:53	11:47	C-130	食パン	自衛隊			
	11:07	12:17	C-1	食パン	自衛隊			
	12:00	13:11	C-1	食パン	自衛隊			
	14:37	17:14	C-130	食パン	自衛隊			
	15:54	16:38	C-130	食パン	自衛隊			
	17:28	18:40	C-1	食パン	自衛隊			
3月23日	9:21	10:26	C-130	食パン	自衛隊	8機	9往復	トラック8台
	10:09	11:24	C-130	食パン	自衛隊			
	10:15	11:00	CH-46	日用品	米軍			
	10:20	11:10	CH-46	日用品	米軍			
	12:22	13:37	C-130	食パン	自衛隊			
	14:44	15:40	C-130	食パン	自衛隊			
	15:31	17:18	C-130	食パン	自衛隊			
	15:54	16:58	C-17	コーンフレーク	米軍			
3月24日	8:02	8:39	C-1	投光器	自衛隊	5機	9往復	トラック10台
	9:42	10:51	C-130	パン、コードリール、テント	自衛隊			
	11:24	12:04	C-1	ポリ袋、洗剤、タワシ等	自衛隊			
	12:25	12:54	C-1	ほうき、くまで、洗剤等	自衛隊			
	13:43	15:04	C-1	ゴミ袋	自衛隊			
3月25日	10:26	11:36	C-130	ウィダーインゼリー	自衛隊	2機	9往復	無
	20:35	21:25	ERJ	(静岡県職員及びボランティア56名　静岡県知事)	フジドリームエアラインズ			
3月26日	11:59	12:43	C-130	医薬品、米、水	自衛隊	4機	9往復	トラック7台
	12:17	13:33	C-130	携帯型トイレ	自衛隊			
	15:22	15:55	C-1	下着、分娩キット、医薬品、炊き込みごはん、水	自衛隊			
	20:35	21:25	ERJ	(静岡県職員及びボランティア32名)生鮮野菜	フジドリームエアラインズ			
3月27日	9:55	10:52	C-1	マスク、衣類	自衛隊	1機	10往復	トラック6台
3月28日	11:35	12:10	C-130	カップラーメン、スパゲティ、乾めんそば、そうめん、めんつゆ等	自衛隊	1機	8往復	トラック5台
3月29日	10:18	10:45	C-1	水、真空パック毛布	自衛隊	3機	8往復	トラック5台
	11:43	13:00	C-130	県内駐留自衛隊オーダー品	米軍			
	15:07	16:03	C-130	食パン、ショーツ、湯たんぽ、マスク	自衛隊			
3月30日	13:10	14:00	C-1	食糧、水	自衛隊	1機	7往復	トラック5台
3月31日	11:35	12:07	C-1	日用品、米、味噌等	自衛隊	1機	7往復	トラック4台

かった時期は、花巻空港が宮城（県北部地域の一部貨物）と岩手への救援物資の輸送基地として機能した。

花巻空港では、航空自衛隊、米軍等が輸送した物資の輸送機から荷下ろしを陸上自衛隊が行い、仕分けと陸送を陸上自衛隊と県職員および岩手県トラック協会（災害協定済）が分担して実施した。自衛隊が宮城県方面への輸送、トラック協会が岩手県方面への輸送をおもに担当した。陸上自衛隊が花巻空港に駐留する際は、固定翼で花巻空港へ物資を輸送し、そこからヘリコプターで被災地へとさらに輸送するという想定であったが、陸路により輸送可能であったことから、花巻空港から内陸の物資輸送拠点や沿岸地域に直接陸送された。

県によると、活動当初は自衛隊とトラック協会、県との分担について相当混乱した。さらに普段飛行場の制限区域で活動したことがない人も携わったため、空港管理者が駐機場等の安全確保のため監視する必要もあった。これらの活動はすべて自衛隊にまかせた方が結果的にスムーズだったのではないかと感じられたとのことである。

次に、災害時の医療対応としてDMAT関連については、3月12日に空港西側の消防車庫にDMATのSCUが立ち上がり、広域搬送医療が開始された。DMAT活動は3月18日まで続き、DMAT参集延べチーム数は192チーム、搬送患者数は136人（うち県外搬送16人）であった。県空港事務所は、全国各地から航空自衛隊機で花巻空港に到着するDMAT隊員の空港内輸送、SCUに必要な仮設トイレや発動発電機の手配、SCUとの調整連絡役として空港事務所職員をSCU内に配置するなどの後方支援を実施した[6]。

なお、患者搬送等を行うドクターヘリについては、日頃は消防とのコミュニケーションはあるものの、災害時に他機関と連携して運用される仕組みが整備されていない。防災航空隊によると、DMATでは医者同士の連絡で動く場合も多く、東日本大震災時もドクターヘリ用のスポット自体は確保していたものの、消防側等でドクターヘリのミッションと動きが把握できず、ミッションが重複することもあった。

---

[6] 岩手県県土整備部空港課提供資料（【東日本大震災】いわて花巻空港における対応について）

2) 国土交通省東京航空局花巻空港出張所

　花巻空港の管制施設に被害はなかったが、余震が続いたため管制官は、管制塔から降り、ガンセットと呼ばれる緊急用のハンディタイプの航空無線機器を一時使用して、情報提供業務を実施した。3月14日以降、他官署より3名（釧路、宇部、東京の3官署から、いずれも花巻空港経験者）の応援を受けて8名体制で業務を実施した。航空機への情報提供による交通整理などを行うタワー業務は、2名体制でシフトを組んだ。最大で1日で273機[7]（3月13日）を処理しており、イメージとしては常に交信をしているような状態であった。

　前述のとおり、西側エプロンにおける防災ヘリ等のスポット調整については、CAB航空管制運航情報官が、次にくる航空機の情報を防災航空隊と県事務所スタッフに伝え、スポットアサインメントや燃料補給の調整等はすべて防災航空隊と県事務所スタッフに任せた。同じ場所で顔を合わせて作業し、電話ではなくトランシーバーで連絡したことから作業がスムーズであった。

　旅客ターミナルの施設被害のため航空会社の定期便の発着は3月16日までなかったが、もしあったとしてもエプロンは東側と西側で分離されていたので、ヘリの発着等との調整にはさほど混乱はなかったと思われる、とのことであった。

3) 岩手県防災航空隊

a) 体　　制

　通常は、所長1名、航空隊員10名、運航要員6名（パイロット2名、整備士3名、運航管理1名：すべて産業航空事業者に運航委託）、臨時職員1名の18名体制で実施している。所有ヘリコプターはベル412の1機である。

b) 緊急消防援助隊の活動概要

　全国20都道県から延べ71機／日、2,511人／日の応援を受けた。活動総数は426件、救助42名＋搬送人員177名、合計219名の救急救助を実施した。

　震災当日は航空隊OB2名の支援があった。3月12日以降は秋田県防災航空隊から、当時秋田県保有のヘリコプターが耐空証明検査中[8]であったこともあり、最大4名のヘリベース本部の地上業務支援を受けた。圧倒的な人員不足が

---

[7] インタビュー資料による。上空通過機を含む機数である。
[8] 航空機材の安全性等の検査で、自動車の車検のようなもの

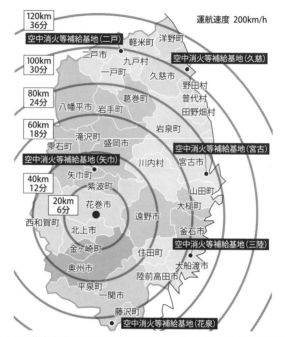

図4-2 花巻空港から岩手県内各地へのヘリコプターによる所要時間
(出所：岩手県防災航空隊提供資料)

生じていたため、この地上支援は非常に大きかった。

3月11日と12日は岩手県のヘリコプター1機で活動し、12日には他県からの応援機15機が飛来し夜間待機した。12日の9時頃に岐阜防災、その後、北海道防災、富山防災が到着し、順次、応援活動を実施した。初動時に消防庁が各県の受援体制を把握しており、援助隊派遣の調整完了までの一次進出拠点を埼玉県ホンダエアポートと福島空港に指定していたため、他県からの応援ヘリは一度その2か所に集まり、そこから被災地県へ割り振られた。

c) 震災直後の状況

発災当日は天候が悪化し、花巻空港から山越えをして三陸海岸方面へ飛行することができず、県南部、内陸部中心の活動となった。ミッション終了後に岩手県警東警察署ヘリポートに着陸したが、天候が悪くなって飛べなくなり、そのまま災害対策本部に入った。副隊長の2人が岩手県の災対本部に入った。通

常は1人であるが、災害規模への考慮と天候が回復せず花巻に戻れなかったため、当日のみ5人になった。災害対策本部の防災航空隊の役割は、支援室の対策班、緊急消防援助隊消防応援活動調整本部の構成員、ヘリコプター運用調整班の班長という3つの役割があった。ヘリコプター運用調整班では、自衛隊（陸海空）、海上保安庁、消防防災航空隊、岩手県警などで連携しながら救助等の調整を実施できた。

d) 救助救急等の活動状況

花巻空港から海岸部まではヘリコプターで20〜30分程度かかり、活動時間を含め1往復約1時間半のミッションで活動していた。1回の給油で2時間程度の飛行は可能であるが、給油は1往復して1回のペースで行われた。フォワードベースとして当初計画していた遠野運動公園は自衛隊が使用し、沿岸中部（宮古）、沿岸南部（大船渡）にある燃料補給基地は被災して使用不能になった。このためヘリベースである花巻空港への帰投を基本として活動した。また、空港内のグラスエリアは積雪のため使用できなかった。

物資輸送は防災航空隊としてはさほど多くなかったが、被災地の孤立箇所（避難所にいない被災者）に対し、要望を聞いてから救援物資を届けるミッションがあった。ガソリンが不足していたため、被災者が車で物資を取りに行くことができなかったためである。

岩手県はヘリコプター運用調整班を組織し、消防や県警、自衛隊などの異なる主体間の連携強化を図り一定の成果を上げたが、救急救助にとって最重要な震災直後3日間は情報入手や連絡が困難であった。特に自衛隊や米軍の動きは把握が難しかった。運用調整班に自衛隊も入っているものの、その自衛隊の担

写真4-2　遠野運動公園

当者でさえも情報入手が困難な様子であった。

e）航空機同士の航空無線による交信周波数

2008年の岩手宮城内陸地震を受けて、岩手県では災害時の自衛隊、消防防災などすべての航空機同士のコミュニケーションをとるための周波数として、航空無線の122.6 MHz（航空機相互連絡用周波数）を使用する取り決めを行った。取材機などの民間機を含むすべての航空機で使用可能である。一方、宮城県では123.45 MHz[9]を災害時の航空機同士の通信周波数として使用する取り決めを行っている。

4）岩手県警察航空隊

警察の第一ミッションは情報収集・映像保存であり、消防防災とは、ある程度役割分担ができている。映像は他組織に対しても情報として流される。東日本大震災当日は、その2日前にあった地震の際に使用した撮影機器であるヘリテレ[10]を積んだままにしてあり、地震後すぐに沿岸部に向けて情報収集のために飛び立てた。通常は軽量化のために外しており、積み込みに15分程度必要である。前述のとおり、防災航空隊のヘリコプターは山間部の天候の悪化もあり沿岸部に行くことができなかったが、天候悪化の前に飛び立てた県警ヘリにより、岩手県沿岸の津波映像が撮影できた。

警察にも消防と同様に全国からの緊急受援計画があり、全国の警察からの応援の調整は警察庁が実施している。全国6都道県から応援機があり、1日最大で9機の運用を行った。3月11日から2か月間の述べ運用機数は115機で、合計飛行時間は約326時間であった。県警分のスポットとしては4スポットで対応した。

ヘリコプターの運航計画については、災害対策本部から早朝に情報を受けて予定表を作成した。7時に空港ビルで合同ミーティングを行いながら修正し、ヘリコプターの運航予定表を8時にFAXでCABに提出という流れで実施していた。緊急性のあるミッションは、CABに連絡することで優先的に入れられる。発災後2～3日目には人工透析を必要とする患者搬送が増え、沿岸部から

---

[9] 災害時の飛行援助通信波であり、地上局と航空機の通信の使用が基本。場外離着陸場周辺などで離着陸順序や気象条件をやりとりする。他県では異なる可能性もある。

[10] ヘリコプターテレビ中継システムのことで、ヘリコプターから撮影した映像をリアルタイムに地上に送信できるシステム。

空港まで合計26名の救助・搬送を行った。

　花巻空港における給油は、前述のとおりの体制でスムーズに実施できた。燃料給油が可能な場外離着陸場は久慈、宮古、釜石、大船渡があるが、久慈は利用できたものの場所が遠く、残り3つは津波で被災し、流失した。

　当時、平行誘導路はまだ供用開始前であったため、駐機場所として自由に使用できたが、現在は供用開始されているので、県空港管理事務所やその他関連機関とともに、今後の対応について考えておく必要がある。岩手県の今回の例を参考に、他の県警もヘリコプター運用調整マニュアルを作成している。

5) 花巻空港ビル

　空港ビルの被害は、壁、床の一部にクラックが入り、防火扉や天井への埋め込み機器の一部が落下した。また、主要な電気設備である変圧器3台のうち2台が全損し、被害総額は約5,300万円に上った。ライフラインの復旧時期については、電気が3月13日9時3分、上下水道が14日、電話が15日、ガスが17日にそれぞれ復旧した。

　空港ビル会社は、ビルの地震被害により建物の安全性の確認ができるまで、航空会社をはじめとする入居者に対して営業の休止を申し入れたうえで、12日から16日午前まで空港ビルを閉鎖して昼夜復旧工事を行った。安全性の確認後、16日の午後から日本航空（JAL）による臨時便の運航が開始された。

　しばらくの間、社員通勤用のガソリン不足に悩まされたが、給油事業を行っている主要テナントの配慮により最低限のガソリンを確保できた。

6) 航空会社

　日本航空（JAL）所有の機器関係の破損はなかったが、ターミナルビルが使用できない期間は運航を見合わせた。運航再開については、チェックインから搭乗までの導線確保が最大の要件であった。3月16日午後から羽田便、伊丹便、新千歳便の臨時便を運航したが、16日は暫定復旧状態であり、ターミナルビルからの搭乗橋が使用できなかったため、タラップを内蔵した機材（マクダネル・ダグラスMD90、ボンバルディアCRJ等）での運航となった。17日からターミナルビル施設を使用して定期便運航を再開した。空港の運用時間は24時間となっていたが、臨時便の運航は、本社と協議のうえ、通常の運用時間内での運航とした。臨時便の運航機材は、東京：D90（150席）、伊丹：エン

ブラエル ERJ（76席）、新千歳：CRJ（50席）にて対応した。

　東京便については、他の交通機関が不通だったこともあり、他路線を減便して機材を花巻へ振り分け就航させた。3便／日でも満席が続いたが、東北新幹線の再開を受け減便路線を元に戻すこともあり、5月8日までの運航となった。伊丹便・新千歳便についても高い利用率が続き、8月まで臨時便を継続した。定期便を含め、最大で1日11便の運航を行った。また航空機の運航再開に合わせ、リムジンバス等の運航も再開し、利用者の利便が図られた。

　他社（全日本空輸（ANA）他）のチャーター便は救援便という位置づけで、自治体・医療・工事の関係者が多く乗っていたようである。機材はボンバルディア、エンブラエル ERJ 等で他社のハンドリングも JAL が行った。他社がJAL本社に依頼し、JAL花巻に情報が来る流れで手続きが行われた。東京便の臨時便に関しては、当初貨物輸送の申請はしていなかった。運航再開後、準備をして貨物輸送も使える状態にしたが、想定していたほどの利用はなかった。

　旧エプロンをヘリなどの救援用のスポットに活用できたことから、運航再開が早くできたと考えられる。着陸、離陸では救援機優先（事前連絡がないこともあり）のため、30分近くの遅延がたびたびあった。

　運航再開までは、情報共有のため、関係機関とのミーティングを午前と午後の1日2回、空港ビルのロビーで行った（JAL、空港ビル、CAB、県、防災、自衛隊、警察、保安検査会社、各テナント）。自衛隊等の救援機からの荷物取り降ろしと搬送についても、JAL車両にて支援した。

7）自衛隊、米軍

　地震発生直後、県知事が自衛隊派遣要請を行い、被災地に向けた救援活動のため花巻空港を使用した。15日からは東北地方の物資輸送の拠点空港としての役目を担うため、陸上自衛隊中央輸送業務隊が花巻空港に駐留を開始した。小牧、横田、入間基地等から空輸された支援物資を、岩手、宮城の被災地へ陸送する自衛隊やトラック協会のトラックに積み替える荷役活動等を実施した。花巻空港を活用した物資輸送は5月18日まで、救援活動は7月23日まで実施した。3月12日〜7月23日までに自衛隊機の着陸は延べ610回で、救援機469回、物資輸送機87回、人員輸送機54回であった。

　県空港事務所による自衛隊に対する後方支援は、東側新エプロンを物資や人

員輸送するC1、C130等の輸送機の駐機場として、また供用前の平行誘導路を被災地の支援活動を行うUH1等のヘリコプターの駐機場としてスペースを提供することであった。また除雪車庫（1,000 m^2）を物資輸送の上屋として、除雪隊待機室を自衛隊待機室として開放した。さらに、制限区域内の航空機の離着陸に支障のないグラスエリアを宿営地として、GSE[11]通行帯の一部を自衛隊車両（ジープ、トラック、給油車両等）の駐車場として開放した。そのほか、荷物積み下ろしに使用するフォークリフトの手配をし、制限区域管理ゲートおよびエプロン監視のために航空無線を常備した空港職員を常駐させ、航空保安の確保と物資輸送の円滑化に取り組んだ。

　米軍は、日本政府から在日米軍による支援を要請されたことにより「トモダチ作戦」を始動した。花巻空港へは3月12日から3月31日まで、米軍のC130輸送機やCH46輸送ヘリが人員や物資を輸送した。その荷役は陸上自衛隊中央輸送業務隊が協力した。（以上、参考文献[12]）

4-2　山形空港

(1) 山形空港の施設概要[13]

　山形空港は山形県が管理する地方空港で、2,000 m滑走路1本を有し、平行誘導路はない。エプロンの面積は220 m×110 m（4スポット：中型J級2、小

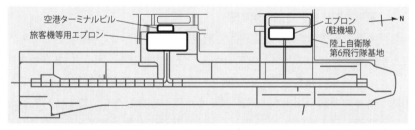

図4-3　山形空港の施設配置図。図中左が民間用エプロン、右が陸上自衛隊航空隊エプロン。（出所：山形県企画振興部交通政策課・県土整備部空港港湾課：東日本大震災の記録（空港編）、2011年に基づいて筆者作成）

---

[11] GSE（Ground Support Equipment）：航空機への貨物の積み込み、燃料給油などのグランドハンドリング作業に使用する地上特殊車両の総称。
[12] 君成田忠伸：いわて花巻空港における「東日本大震災」への対応について、第12回空港技術報告会（国土交通省航空局）、p.38-43、2011年12月。

型J級1、YS級1)であり、小型機エプロンとして128.5 m×20 m(6スポット)もある。これら民間機用のエプロン・旅客ターミナルの北側には、陸上自衛隊第6飛行隊基地がある。隣接して消防防災と県警の使用施設もある。

(2) 東日本大震災による山形空港の被害

　山形空港の震度は5弱であったが、滑走路等の基本施設に被害はなかった。航空灯火のうち進入角指示灯等は、発災翌日の運用時間までに被害がないことを確認した。ライフライン系では停電が発生し、自家発電で対応した。商用電源の復電は3月12日11時52分であった。

　航空保安施設では、東京航空局山形空港出張所建物の照明の一部落下や漏水があったほか、FIHS(Flight Service Information Handling System：運航情報提供システム)端末モニターの取り付け部が折れるなどの軽微な被害があった。管制機関用のNTT専用回線が発災後から14日早朝まで途絶え、一部管制業務に影響があった。またFIHS端末が12日の午前から夕方までサーバーとの回線断が生じ、飛行計画(フライトプラン)関係のデータ入出力ができなかった。空港旅客ターミナルビルに目立った被害はなかった。発災時には空港には定期便の航空機は不在であった。

(3) 発災後の空港運用の概要

　① 運用時間延長、空港利用制限

　発災後の山形空港では、余震が多く航空灯火等の十分な点検ができなかったことや停電が生じたことなどの理由から空港を閉鎖した。翌3月12日の夜明けとともに施設点検を完了し、午前7時59分に空港閉鎖を解除した。以後、消防庁からの要請や国土交通省航空局等からの打診もあり、12日19時30分以降は空港の運用時間を24時間とし、災害救援活動等の拠点として大きな役割を担った。4月7日まで24時間運用が続き、4月8日からは15.5時間(6時30分～22時)、4月29日からは通常どおりの11.5時間(8時～19時30分)

---

[13] 山形県ホームページ
http://www.pref.yamagata.jp/ou/kendoseibi/183003/publicdocument200608192857396744.html

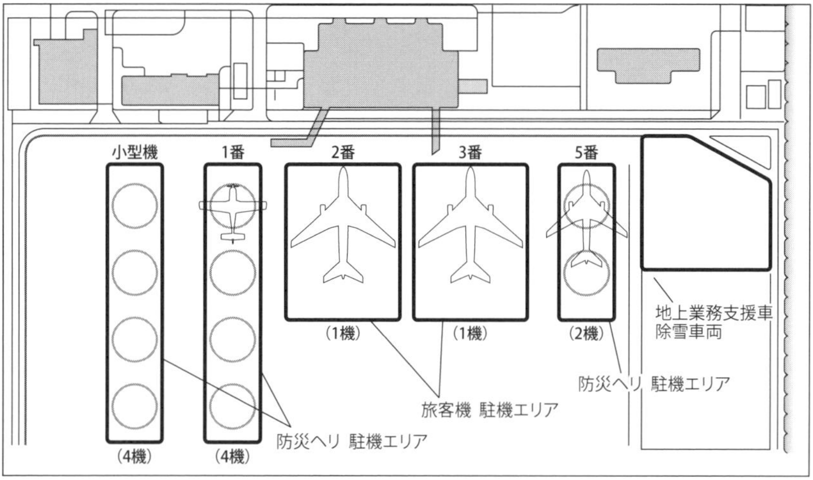

4-2 山形空港

山形空港　旅客機・防災ヘリ　駐機状況図（震災対応時）

図4-4　東日本大震災発生後の山形空港のエプロン使用方法
（出所：山形県企画振興部交通政策課・県土整備部空港港湾課：東日本大震災の記録（空港編）、2011年に基づいて筆者作成）

の運用となった。一方で、防災ヘリや自衛隊、民航旅客機の発着でスポットの不足が発生したため、3月17日以降は防災関連の航空機と民航旅客機以外の就航を制限する方針を公表した。3月12日から多くの使用の申し込みがあったものの、受け入れることができず、断らざるを得なかったのである。ただし、制限開始以降も、ドクターヘリや東北電力の送電線点検ヘリなどの民間機が利用している。

② 各エリアの使用方法

消防庁からの要請で山形空港を活動拠点として使用するにあたり、消防防災航空隊より最大で10機の駐機が必要とされた。小型機のスポットは6機分のみであったため、旅客便用のスポット（1番と5番）を小型機用（ヘリコプター用で合計10スポットに相当）に割り当てた。旅客便用は2番と3番の2スポットのみの運用となり、3月17日は雪による悪天候でダイヤが乱れたためにスポットを確保できず、一部の臨時便に欠航が生じた。ヘリコプター用に用意したスポットは他県からの応援ヘリがおもに使用し、山形県消防防災航空隊と山形県警航空隊はそれぞれの事務所前の専用エプロン（消防防災用は3ス

ポット）を常に使用した。また、自衛隊機および米軍機は空港に隣接した陸上自衛隊第6飛行隊エプロンを使用した。

(4) 災害対応活動の実態と課題
① 空港運用全体に関わる意思決定体制
　災害発生時のマニュアルにおいて、震度5以上で空港関係機関を集めた山形空港合同災害対策本部[14]を立ち上げることになっており、今回の震災もそれに従い発災直後に立ち上げた。そこで、被害状況や24時間化について議論を行った。
② エプロンの運用、燃料補給
　エプロンの運用や主体別の使用エリアは前述のとおりである。3月12日朝にはおおむねスポットの使用方法は決まっていた。なお、CABは駐機エプロンまでの対空援助業務を行い、駐機場内のスポットアサインメントは消防防災航空隊のマーシャラーが行った。マーシャラーへの情報提供は消防防災航空隊が対応した。
　燃料補給については特に大きな問題は発生せず、燃料が不足する心配はなかった。普段は航空会社用の給油車両として3台のローリー（2万リットル×2台、1万2千リットル×1台）があり、11日夜の段階でそれぞれほぼ十分な量が残っていた。屋外タンク20万リットル容量のところにも18万リットルの残量があることを確認していたため、問題ないと判断した。国からドラム缶で燃料供給の必要性の問い合わせがあったが、給油会社にも確認しながらドラム缶の置き場の問題も考慮し、結果的には断った。なお、通常航空会社が使用している給油車両と燃料を防災ヘリ用に使用することに関して事前の取り決めがあったわけではなく、発災後の航空会社側の配慮で行われた。航空会社の臨時

---

[14] 本部メンバーは「東京航空局山形空港出張所・仙台航空測候所山形空港出張所・山形県山形空港事務所・山形県警察本部航空隊・山形県消防防災航空隊・日本航空・山新観光（ハンドリング）・山形空港ビル・山新石油（航空機燃料販売）・陸上自衛隊第6飛行隊」である。本部設置基準は、「自然災害より空港の通常の運用ができないと認められるとき、山形県内で震度4以上の地震が観測され、または自然災害が発生し空港を空路救難活動拠点施設として運用することが見込まれるとき、隣県等で甚大な自然災害が発生し、空港を空路救難活動拠点施設として運用することが見込まれるとき、山形県災害対策本部が設置されたとき、その他所長が必要と認めたとき」である。

便などは山形空港に向かう出発空港において折り返し飛行分の燃料も積み、山形空港で給油は行わなかった。山形県防災航空隊のヘリコプターには専用で所有している給油車両（最大数量3.7キロリットル）を使用した。防災ヘリは早

表4-2　山形県空港事務所の職員配置状況

月　日		3月12日～	3月22日～	4月8日～	4月29日～	5月10日～
運用時間		24時間	←	15.5時間 （6：30～ 22：00）	11.5時間 （8：00～ 19：30）	11.5時間 （8：00～ 19：30）
		24時間	←	6：00～ 22：00	7：00～ 19：30	7：30～ 19：30
職種（人）	事務職	5（―）	11（6）	6（1）	5（―）	5（―）
	土木職	2（―）	5（3）	3（1）	2（―）	2（―）
	電機職	2（―）	5（3）	3（1）	2（―）	2（―）
	技能員	2（―）	5（3）	3（1）	2（―）	2（―）
合　計		11（―）	26（15）	15（4）	11（―）	11（―）

（出所：山形県企画振興部交通政策課・県土整備部空港港湾課：東日本大震災の記録（空港編）、2011年）
注　職種のカッコは、応援職員の人数（内数）表中以外に連絡員1名配置（3/16～17）
　　通常運用時間8：00～19：30（11.5時間）勤務時間7：30～19：30
　　上記表には、嘱託社員等を含んでいない。

表4-3　山形空港と庄内空港における災害救援機等の離着陸回数　　（単位：回）

機　種	山形空港				庄内空港			
	3/12～ 3/31	4/1～ 4/30	5/1～ 5/31	合計	3/12～ 3/31	4/1～ 4/30	5/1～ 5/31	合計
防災ヘリ	330	118	74	522	6	4	0	10
ドクターヘリ	14	0	0	14	2	0	0	2
自衛隊機	69	51	48	168	12	0	0	12
米軍機	152	6	0	158	30	26	0	56
警察ヘリ	74	58	70	202	0	0	4	4
その他	28	33	94	155	96	103	151	350
合　計	667	266	286	1,219	146	133	155	434

（出所：山形県企画振興部交通政策課・県土整備部空港港湾課：東日本大震災の記録（空港編）、2011年）

朝一斉に飛び立ち、夜に帰還する運用であったため、給油の順番待ちや混雑はなかった。

③ 各主体別の活動実態と課題

1）山形県空港事務所、山形県交通政策課

a）体　　制

　山形県空港事務所の通常時の職員数は11名（嘱託職員含まず）で、発災後当初は空港事務所職員のみの3交代で運用していたが、3月22日からは空港事務所経験者を中心に15名の応援職員を増員し24時間体制を整えた。

b）自衛隊の空港使用と米軍の受け入れについて

　3月13日19時30分頃、防衛省から山形空港へ米軍機受け入れの打診があり、さらに仙台以北に向かう中継基地として山形空港を使用したいとの申し出があった。これらを受けて、米軍機の受け入れを決定し、並行して県議会ならびに地元市に対して米軍使用に関する説明と理解を求めた。3月15日には山形空港において米軍と現地打ち合わせを実施し、県は多くの臨時便等の運航に影響を及ぼさないことや騒音など地元住民にも十分配慮することを要請した。仙台空港（名取市）の復旧状況に合わせて部隊は縮小され、米軍部隊は3月27日に撤収を完了した。米軍の離着陸回数は3月12日～5月31日の間で合計158回となった。

　なお、山形空港は開港以前に自衛隊が使用していた経緯があり、自衛隊には民間機の運航に支障のない範囲での空港使用が認められている。自衛隊機の離着陸回数は3月12日～5月31日の間で合計168回となった。

c）二次交通等の対応（山形県企画振興部交通政策課）[15]

【震災発生後からの動きの概要】

　北海道・東北エリアでは、「大規模災害時等の北海道・東北8道県相互応援に関する協定」が1995年10月に締結されていた。このなかで宮城県が被災した際の応援調整道県第一順位が山形県となっていたこともあり、二次交通等の対応を含め、今回も震災直後に宮城県に対して支援が行われた。

　山形県では、震災発生後、通常業務はすべて休止し、急を要さない業務の職

---

[15] 山形県企画振興部交通政策課：東日本大震災の記録（公共交通編）～被災県に隣接する山形県における広域的な移動の確保に向けた取組～、2011年9月。

4-2 山形空港

図 4-5 震災 2 日後（3 月 13 日）の交通状況
（出所：山形県提供資料に基づいて筆者作成）

員をすべて交通政策担当に切り替え、航空、鉄道、バスに関する運航情報の収集を行った。震災当日の 3 月 11 日は、山形県内の路線バスは運行していたが、他の交通機関はすべて運休となった。翌 12 日以降、宮城県から山形県内に旅客が集中することが想定されたため、常時機動的な対応ができるような体制を整えた。山形空港は、同日から 24 時間運用が開始され、利用者の増加に対応し、臨時便への対応やターミナルビルにおける夜間宿泊者の受け入れが開始された。

13 日以降より、広域的な移動の確保に向けた取組みを全面的に展開することとし、ホームページなどによる情報提供、移動を必要とする人への案内、交通事業者との調整を行った。取組みの基本的な考え方は以下の 3 点である。

① きめ細かい情報提供、旅客案内体制を構築する。
② 最大限効率的な輸送体制を確保する（バス事業者の方針を尊重し、特に都市間バス路線は、山形駅、山交バスターミナルを結ぶ都市間バス路線に運行を集中）

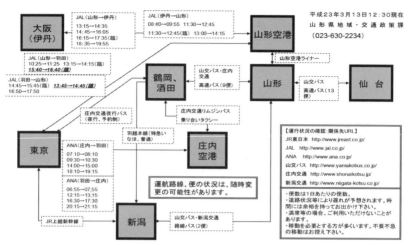

図4-6　山形県のホームページに掲載した当初のネットワーク図
（出所：山形県提供資料に基づいて筆者作成）

③　各拠点における滞留を最小化する（交通拠点における乗車待ち拡大の懸念に対し、各拠点に対する混雑状況の情報提供を行うことにより、可能な限り円滑な移動となるように配慮）

【移動を必要とする人への情報提供】

　移動を必要とする人への情報提供として、被災地や山形県と全国各地の間の移動を支援するため、全国各地に向けて利用可能な交通機関に関する一元的な情報提供、問い合わせ対応を展開した。具体的には、県が利用可能な各交通機関とその運航情報を把握し一覧表としてまとめ、視覚的にわかりやすいようにネットワーク図としてホームページ上への掲載、交通拠点等への張り出し、配布等を行った（図4-6）。

【都市間高速バスの運行】

　3月12日以降、山形空港には多くの乗客が殺到し、空港ターミナルはキャンセル待ちを含む多くの旅客であふれた。搭乗できず、やむを得ずターミナルビルで夜間宿泊する人、翌日のキャンセル待ちに備えて夜間宿泊する人が増えることが予想されたため、山形空港におけるハンドリング業務実施会社である山新観光が3月13日から16日までの間、東京方面および大阪方面行きの救済

目的のバスを運行した。

2) 国土交通省東京航空局山形空港出張所

　前述のとおり、航空保安施設の被害としては軽微であったが、発災当日の3月11日は運用事務室からガンセット[16]で航空機への情報提供業務を実施し、翌12日からは管制塔で業務を行った。しかしながら、発災後、管制機関用のNTT専用回線が途絶え、管制機関間の連絡がとれなかった。そのため、官用の携帯電話によって東京航空交通管制部と連絡をとり、その情報を航空機に無線通信で伝えていた。通信回線の復旧は14日の朝5時頃であった。さらに、FIHS端末は12日の午前から夕方までサーバーとの回線が遮断され、飛行計画（フライトプラン）関係のデータ入出力ができなくなった。その時間帯は手書きでフライトプランを処理した。12日午前は一番忙しい時間帯であったため、FIHSなしでの業務は大変であったということである。

　通常時のスタッフは、先任航空管制運航情報官1名、航空管制運航情報官5名であり、13日昼に東京航空局から羽田臨時便で1名応援を派遣してもらった。その後、常時2名の応援体制を受け2交代制で24時間、管制塔2名と運用事務室1名で業務を実施した。

　旅客便は最大17往復／日を処理した。航空管制官が配置された空港とは異なり、航空管制運航情報官による対空援助業務では、旅客機等のIFR機を1機処理するのに20分程度を要する。平行誘導路もないので、固定翼機の場合、滑走路占有時間も長くなることから処理間隔が長くなる。平行誘導路、メガネ型誘導路などがあれば滑走路占有時間がかなり削減できるが、山形空港ではそれがないため、処理能力も限られてしまう。ヘリコプターは空中でホバリングできるので固定翼機よりも多少処理しやすく、5分で1機程度処理可能である。航空管制官は管制間隔を確保しつつ前もって着陸許可等を指示できるが、航空管制運航情報官では滑走路が完全にクリアとなることが必要となるため、処理能力も限定される。また、さまざまな情報を逐次すべての航空機に提供しなければならないため、交信の回数も時間も多くかかる。このように、平行誘導路等の施設制約や航空管制運航情報官による対空援助業務の制約などによ

---

[16] 持ち運び可能な簡易通信機器

り、平時に交通量の少ない地方空港では多数の航空機を処理する能力には当然ながら限界がある。この点の検討課題については第5章でより詳細に検討している。

　防災ヘリ機を優先して入れるように、旅客便に情報提供することもあった。防災、県警、自衛隊は平常時も山形空港を使用しており、お互いの意思疎通には慣れていた。震災直後の対空援助業務を提供できない時間帯は空港のタワー周波数122.7MHzを共用し、ローカル運用として互いに通信・連絡していた。米軍機については、日本のルールに則って運航してもらうよう要請していたので大きな問題はなかった。

3）山形県消防防災航空隊

a）東日本大震災時の山形空港の役割

　前述のとおり、宮城県の代替えのヘリベースとして山形空港を使用することが消防庁で決定され、その後、おもに宮城方面やその以北への進出基地として山形空港が大きな役割を果たした。山形県消防防災航空隊に対しては、3月11日の夜に宮城県防災航空隊や消防庁から緊急消防援助隊宮城県応援航空隊のヘリベースとして運用できないか打診があり、その段階で駐機スポットの容量や燃料の在庫等を確認しながら、県、県空港事務所と協議し、受け入れ対応可能なように体制を整えた。

b）発災後の活動状況

　山形県保有の機体はアエロスパシアルAS365N2、スタッフは防災航空隊員10名、運航（パイロット、整備、運航管理）6名、県職員1名、事務員1名の計18名である。

　山形県消防防災航空隊は、発災当日は県内の被災状況確認を行うために一度は飛び上がったが天候悪化（降雪）により引き返し、任務は遂行できなかった。翌12日早朝には緊急消防援助隊航空部隊として山梨県防災航空隊などの応援機が続々と飛来してきた。エプロン上のスポット数の制約により最大10機が限度であったが、平均して7〜8機程度が駐機していた。山形県の航空隊は普段使用している専用のエプロンを使用し、他県の応援機は旅客ターミナル前の民間機用エプロンを使用した。

　山形県航空隊としては、航空隊基地で運航管理等を行う隊員、応援機に乗っ

て宮城県で活動する隊員、残り
は旅客ターミナル前エプロンで
マーシャリング対応する隊員と
いった体制で業務を実施した。
宮城県方面で救援活動を行う隊
員は、宮城県内で場外離着陸場
(宮城県総合運動公園グラン
ディ・21) が3月13日に立ち
上がる前の初期段階では、現地
で着陸する基地がないため4名
の隊員をヘリコプターに乗せて
現地で活動を行い、燃料が少な
くなると山形空港に帰還し、隊
員を交代させながら、再度宮城
に飛び立つ、といった形態で活
動した。グランディ・21にフォ

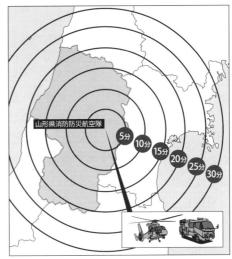

図 4-7　山形空港からのヘリコプターによる所要
　　　　時間概要（130 KT、240 km/h）
(出所：山形県消防防災航空隊資料に基づいて筆者
作成)

ワードベースが立ち上がった後は、6〜8名程度の隊員を乗せてグランディ21
に着陸し、隊員が交代しながら現地で救援活動を行い、日没の時間で山形空港
に帰還する、という形態で活動を行った。天候悪化が予想された場合は、その
前に山形へ帰還した。基本的に現地では宮城県のヘリコプター運用調整班の指
示を受けて活動した。宮城県ヘリコプター運用調整班と山形県航空隊との連絡
については、一般電話がつながらず、緊急時に使用する公用携帯電話で宮城県
の隊長と連絡して指示等を受けていた。その指示に従い山形県から応援機を
送った。宮城県に対しては、宮城県庁の屋上に航空波の移動局（いどう90）
を作るため山形県と長野県が無線通信機器を提供した。山形空港から宮城県方
面に飛行し、関山峠を越えたあたりからこの移動局との航空波で交信が可能で
あったため、そこで宮城県のヘリコプター運用調整班から宮城県内での活動の
内容やエリアの詳細について指示を受け、現地での活動を行った。活動内容
は、初期は救助がメインであり、被災現場で手振り要求している要救助者な
ど、とにかく救助できる人から救助していた。グランディ・21が場外離着陸

場であるため保安上の問題があり、応援機の夜間駐機は困難であった。隊員の水やトイレ等の問題もある。以上のような活動形態を基本としていたため、おもに宮城県への応援機の夜間の駐機・給油・隊員の休憩が山形空港のおもな役割であり、昼間は山形以南と以北の間を移動するヘリコプター（ドクターヘリやその他民間ヘリなども含む）の中継・給油基地としての役割も担った。

　全国からの消防応援隊員の休憩・待機場所として県空港事務所の会議室を借り、応援機関連の資機材置き場には格納庫（山形空港1階車庫）を借りて対応した。マーシャリングを行う隊員に対する情報提供（入ってくる機体など）は、地上の消防防災航空隊が131.925 MHz[17]を使って入ってくるヘリコプターと交信し、そこから得られる情報を消防無線[18]でマーシャラーに提供していた。ヘリコプター同士の交信は123.45 MHzの災害時用の周波数で行った。

　大規模災害時におけるヘリコプター等の災害対策活動計画については東日本大震災前に案が作成されており、震災後に見直しを行った後、2012年3月30日に施行された。そのなかでは、山形県でも宮城・岩手と同様にヘリコプター運用調整班を組織することになっている。さらに、震災後に全国航空消防防災協議会で検討委員会が立ち上げられ、従前の航空運用調整指針についても見直している。また、人員応援については、山形県の緊急消防援助隊受援計画のなかで、航空隊経験者OBに臨時で応援に来てもらえるようになっている。

4）山形空港ビル

　空港ビルの施設被害はなかったが、震災直後から停電が起き、自家用発電を用いて電力を賄っていた。空港内のレストランは、ご飯物一品、麺類一品ずつの限定ではあるが震災後も営業を続けていた。

　キャンセル待ちの旅客は、震災当日の深夜2時、3時頃より訪れ始め、翌朝7時頃には70人程度並んでいた。空港ビルは仮眠室ならびに毛布の提供を行った。震災直後からの1週間の搭乗客は、外国人が3割ぐらいを占めており、特にフランス人が目立った。日本人は半分以上が仙台の人であったと思われる。キャンセル待ちの旅客による空港内の混雑は、4月18日に仙台空港が旅客便運航を再開するまで続いていた。

---

[17] 通信局から山形県消防防災航空隊に割り当てられている周波数
[18] 消防波の山形県内共通波 148.21 MHz

3月29日よりANAの臨時便が開始され、電話やPC等の関連機器、カウンター関係はすべてANAが伊丹や東京から持参していた。設置カウンターの場所は、以前ANAが乗り入れていた場所がまだ残っていたので、その場所を利用した。

　また、臨時便が設定され、多くの旅客機が飛来するようになってからは、X線検査装置がひとつしかないため保安検査に時間がかかるようになり長蛇の列ができた。特にボーイング767などの大型機が発着する際には、この行列のために航空機が遅延することもあった。

5) エアライン

　山形空港には定期便はJALだけであったが、震災時にはANAも臨時便を設定した。JALグループについての臨時便の設定は、JALとJ-AIR本社で決定しており（後にJALに一本化）、山形では本社からの情報で対応していた。機材はおもに仙台発着の余剰機材を山形にまわして使っていた。空港のスポットが2つのみであったため、その制約により便数が決まっていた状態であった。臨時便の燃料は、山形空港の燃料制約も考慮して、相手側の空港で往復分の燃料を積んできてもらっていた（いわゆるタンカリング）。

　空港職員は当初20名程度しかおらず、機材と一緒に人員の応援も欲しいと要望し、整備・ハンドリングなどを含めて応援に来てもらった。ANAのハンドリングはANA自身がスタッフを派遣して行っていた。

(5) 宮城県における空港等の運用実態と課題（消防・防災ヘリ）：山形空港に関連して

　仙台空港は津波被害により震災直後から使用不能となったものの、3月15日に救援ヘリの運航開始、16日に滑走路1,500mが運用開始（救援機のみ）、29日に滑走路3,000mが運用開始（救援機のみ）、4月13日にターミナルが暫定使用開始となり、以降は民航旅客機の運航が再開した。

　宮城県には、仙台市が保有する消防ヘリと県が保有する防災ヘリの2機があり、両者とも拠点基地として、仙台市消防局が管理し、仙台湾に面した防砂林の一角にある仙台市消防ヘリポートを使用している。この仙台市消防ヘリポートも津波被害で使用不可になり、駐機していた県の防災ヘリは津波で被災し

た。市のヘリコプターは地震の際に飛行中だったため津波被害は免れ、自衛隊霞目飛行場に緊急着陸した。

　宮城県にも緊急消防援助隊が集結している。全国から宮城県に対して24府県市から29機を受け入れた（消防庁資料によると23都県市から最大で17機が1日に集結）。通常は緊急消防援助隊の計画として、ある地域で災害が起きた場合はどの県が第一に出動するか定められているが、今回は震災の規模が大きく計画外となり、消防庁の応急対策室航空係が各県に割り振った。その後は交代しながら入れ代わり立ち代わり活動していた。3月11日から5月31日まで受援活動を継続し、その多くは3月中であった。震災当日に来たのは1機のみで、救助というよりは緊急消防支援隊の指揮支援隊を持つ自治体（札幌や東京消防庁など）からの機であった。福島空港と霞目駐屯地に入っており、そこの指示を受けている。12日から本格的な救助活動を開始した。

　県の受援計画では、仙台市ヘリポートが各都道府県隊の集結場所と燃料補給場所に指定されている。そこが使えない場合は、県の災害対策本部内にあるヘリコプター運用調整班が適切な場外離着陸場の利用を事前に申請しており、そのなかから使うことになっている。その結果、宮城県総合運動公園グランディ・21でヘリの受け入れを行った。しかしグランディ・21では夜間駐機ができず、自衛隊霞目駐屯地は消防・防災ヘリについては5機制限となったため、宮城県向けの代替のヘリベースの検討が必要になり、最終的に山形空港が指定された。自衛隊と海上保安庁は霞目駐屯地を使用した。

　グランディ・21の駐車場に消防庁からドラム缶で燃料を運んでもらい、最大680本ほどのドラム缶が用意された。消防庁から、危険物の取り扱いは柔軟な特例措置でとの通達があったことからヘリコプターの給油もできた。なお、仙台市ヘリポートには県で2万リットル、市で3万リットルの給油施設があった。ここは固定の給油施設なので、3機以上だと毎回ヘリコプターを動かしてから給油する必要があり、効率が悪い。しかしドラム缶からだと、手回しポンプや電動ポンプで移動しながら効率よく給油できた。燃料補給は一括してグランディ・21で行い、一部は霞目駐屯地でも実施した。両者の燃料の種類は若干異なる。岩手宮城内陸地震の時に花巻空港で給油に時間がかかり、燃料が枯渇する問題もあった。その時は民間機も花巻空港を使用したが、今回の震災で

は防災ヘリ等を優先使用にし、民間機は別のところを使用するように制限した。また、消防庁の指令により大阪や名古屋などから1日100本の燃料を輸送してきたことから、燃料が枯渇することはなかった。なお、NPOのヘリコプターなどで自治体から公的ヘリとして認められた場合には、グランディ・21を使用できた。

グランディ・21はもともと場外離着陸場に指定されており、その訓練も行っていた。使用できるエリアは300 m×80 mであり、今回は最大で17機駐機したが、スポットの容量はもっと大きい。他に遺体搬送などにも使用していた。

救助からの搬送では、ヘリコプターによって石巻赤十字病院、東北大学病院、県南中核病院に運ばれた。今回は救助者が多かったので、どこかのグラウンドに運んでから、各消防本部の緊急車両で病院に運ばれたことも多かった。県の受援ヘリでは1,080人が救助された。自衛隊などを含めればさらに多くなる。

霞目駐屯地の宮城タワー、仙台空港の仙台タワー、松島基地の松島タワーからMETAR[19]（実況）とTAF[20]（予報）の気象情報を得て、活動できる視界が確保されているか確認してから、ヘリコプターは活動した。仙台と松島は途中から使用可能になったもので、当初は霞目駐屯地からの情報提供を頼りに活動していた。その他にも、民間の気象情報会社であるウェザーニューズ社からの情報をもとに判断していた。山形空港からは奥羽山脈を越える必要があり、気象状態を探りながら、関山峠、鍋越峠など、どの峠なら越えられるかを判断していた。発災後3月15日まで天候は運航上問題なかったが、16、17日頃に雪が降り、あまり飛べないときもあった。

岩手県における災害時の航空機間の通信周波数の取り決めでは122.6 MHzを基本的に使用することになっているが、宮城県の航空機同士の通信周波数は、防災ヘリ間のみ123.45 MHzで、その他の航空機間は122.6 MHzに決められている。また、地上と航空機の間は123.45 MHzで通信することとなっている。東日本大震災では、「いどう90」（123.45 MHz）という飛行援助通信の地

---

[19] 定時航空実況気象通報式。空港の気象情報を1時間や30分ごとに提供するシステム。
[20] 運航用飛行場予報気象通報式。27時間や30時間先までの空港などにおける気象予報情報を、通常6時間おきに提供するシステム。

上局を県庁に設置したことから、それによりシステム上はすべての航空機との交信が可能な状態にあった。ただし、実際に交信を行ったのは消防・防災ヘリのみであり、報道などの民間機については特に交信を行っていない。今回の大震災では、ノータムにより1,500フィート以下の空域は民間機の使用が禁止されたため、防災機と民間機の交錯はほとんどなかった。「いどう90」には多

図4-8　仙台市周辺の空港、場外離着陸場

くの機体が集まり、通信が輻輳することもあった。その他、松島基地において航空自衛隊による飛行援助通信局「オフサイト」が開設され、その空域を通過する際の管制を行っていたことから、一定の安全は図られていた。また、石巻総合運動公園においても飛行援助情報が陸上自衛隊より提供された。

　DMATは県の医療整備課で情報交換しているので、ヘリコプター運用調整班からDMATやドクターヘリに直接依頼することはなかった。逆にDMATから、県の防災・消防ヘリに対して患者搬送を依頼したことはある。ドクターヘリは患者1人しか運べないもので、部類としては一番小さいヘリコプターであり、発災後3日間くらいはドクターヘリもグランディ・21を若干使用したこともあった。そこで、ドクターヘリから地元の緊急消防援助隊へ患者の引き継ぎなどが行われた。

写真 4-3 ガラスが損壊した管制タワー
(出所:福島空港出張所 (CAB) 提供)

4-3 福島空港

(1) 福島空港の概要

　福島空港は、福島県が設置管理する地方管理空港である。福島県のほぼ中央の阿武隈山系の丘陵地(須賀川市および玉川村)に位置する。2,500 m 滑走路と平行誘導路がそれぞれ1本あり、エプロン(面積 47,250 m^2)は大型ジェット機用2スポット、中型ジェット機用2スポット、小型ジェット機用2スポットの計6スポットを有している。旅客ターミナルビルは国内と国際が隣接し、さらに貨物ビルがある。空港内には福島県消防防災航空センターもあり、ヘリパッドが2スポットある。

(2) 東日本大震災による福島空港の被害

　須賀川で震度6強、玉川村で震度6弱が観測されたものの、福島空港では滑走路・エプロン・航空灯火・航空支援無線施設などに被害はなかった。管制塔の窓ガラスがほぼ全壊したが、CAB(国土交通省東京航空局)事務所2階で緊急用対空通信装置を用いて対空援助業務を継続したため空港運用に大きな支障はなかった。また、進入角指示灯の仰角ズレが運用に支障がない程度生じたが、翌朝に復旧した。

　ライフライン系では発災直後から3月14日まで断水し、その間は貯水槽および給水車により上水を確保した。電気・ガス・電話は被害がなかった。発災直後に商用電源が5分間停電したが、予備発電機の運転により航空支援施設な

どは使用できた。また、電話は回線がつながりづらい状況となり、非常用電話でも10回に1回程度しかつながらなかった。

(3) 発災後の空港運用の概要

① 運用時間延長、空港利用制限

発災直後、施設の点検チェックのため空港の運用を中止した。空港保安管理規定では、震度に応じて、滑走路、航空灯火、進入角指示灯の仰角、受配電設備などの点検を行うこととなっており、本震時にはこれらの点検に約30分かかった。ただし、電話、FAXの通信回線の不調により、ノータムを発出できなかった。点検の結果、運航に支障をきたす被害がなかったことを確認し、運用を再開した。

災害救援機の受け入れのため、震災当日より滑走路およびターミナルビルを24時間運用とした（通常は8時30分～20時）。24時間運用は4月19日まで実施し、その後から5月13日までは6時～22時の16時間運用、5月14日からは通常運用となった。なお、集中する救援機の安全と迅速な救援活動を確保するため、総務省より報道機の活動自粛要請があったことから、発災当日は受け入れを断ったが、報道関係からの強い要望により翌日から1社1機ルールで受け入れを行った。しかし、実際にはルールの徹底が必ずしもされていなかった。

② 各エリアの使用方法

旅客機、自衛隊機、救援ヘリなどの活動をスムーズに行うため、各機材の駐

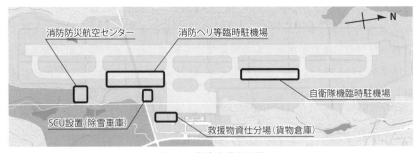

図4-9　福島空港平面図

機スペースを分けた（図4-9参照）。旅客機にはエプロンを、北側の平行誘導路およびグラスエリアには自衛隊機（物資輸送機）を割り当てた。また、消防防災航空センター近くの南側の平行誘導路とグラスエリアは、救援ヘリおよび報道関係機の臨時駐機場として割り当てた。これは、2010年に福島空港で実施された「緊急消防援助隊北海道東北ブロック合同訓練」において、救援ヘリなどが多数飛来した場合に、誘導路およびグラスエリアを臨時駐機場として使用することを申し合わせしていたことから実現できたものである。グラスエリアは準備なく急遽駐機場として活用することはできないことから、福島空港のように、事前に耐荷重の確認と低勾配・無段差を確保しておくことが各空港で必要である。

また、地震発生翌日にDMATが到着し、除雪車庫にSCUを展開した。患者

写真4-4 グラスエリアの駐機
（出所：福島県消防防災航空センター提供）

写真4-5 グラスエリアに駐機された自衛隊機
（出所：福島空港事務所提供）

写真4-6 除雪車庫に展開されたSCU
（出所：福島空港事務所提供）

写真4-7 自衛隊による救援物資運搬
（出所：福島空港事務所提供）

搬送をスムーズに行うため、除雪車庫前にもヘリパッドを配置した。3月14日からは救援物資の空輸がはじまり、貨物倉庫および除雪車庫を一時保管および仕分けスペースとして活用した。ただし、厳冬期の場合には、除雪車を車庫外へ駐車させることはできないため、このような除雪車庫の活用は困難であることに留意する必要がある。救援者の宿泊場所として、海上保安庁などにはターミナルビル内会議室を、自衛隊には構外の駐車場を野営地として提供した。

(4) 災害対応活動の実態と課題
① 空港運用全体に関わる意思決定体制
発災後に空港内に災害対策本部を設置した。これは、通常から開催している空港連絡会のメンバー（県空港事務所、CAB、CIQ[21]、航空会社、空港ビル）を基本とし、メンバー間での連絡事項の報告、空港運用時間延長などの意思決定や問題解決などの協議を行った。しかし、緊急時対応により、各主体において人手が不足していたために出席者が少なく、調整の場として必ずしも十分ではなかった。また、福島県では岩手県で設置されていた救援ヘリ等の運航を調整するヘリコプター運用調整会議は設置されなかった。そのため、ヘリコプターでの救援活動等においてミッションの割り当てなど、一部に調整不足が生じた。

② エプロンの運用、燃料補給
震災後、一部の旅客定期便が欠航[22]する一方、臨時便が就航[23]した。また、震災直後から官公庁などのヘリや報道機が多数飛来し、3月12日には1日で最大となる約260回[24]の離着陸があり、多いときには時間あたり20機が飛来した。とくに、発災後しばらく、山形空港や花巻空港が報道機等の民間ヘリの受け入れを断っていたため、福島空港には12日に報道機51機が着陸した。
前述のとおり、エプロンと平行誘導路の北側およびグラスエリアに旅客機と

---

[21] 税関（Customs）、出入国管理（Immigration）、検疫（Quarantine）
[22] 欠航便数は3月12日～31日の間で国内80便、国際24便
[23] 臨時便数は3月12日～4月10日の間で国内290便
[24] インタビュー資料より。

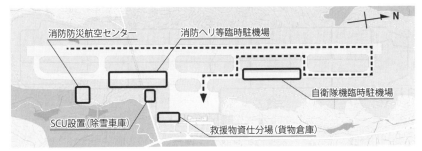

図 4-10　メガネ型の地上走行経路のイメージ（破線）

　自衛隊機、平行誘導路の南側とグラスエリアを救援ヘリおよび報道関係機として、駐機エリアを区分けして運用した（図 4-10 参照）。滑走路にアプローチした機体は、上記の区分けに従って各駐機場所へ誘導された。なお、臨時駐機場となった誘導路の一部はタキシング[25]に使用できないため、滑走路へ迂回タキシングする運用（メガネ型の経路運用）とした（図 4-10 参照）。

　エプロンを利用する旅客機や誘導路の北側を利用する自衛隊機に対してはスポットアサインメントを県空港事務所で行ったが、前日にしか臨時便や輸送機の運航計画が決定しないため、誘導路、エプロンを含めた全体的なスポット調整に苦慮した。当初、自衛隊輸送機も誘導路で荷下ろしを行ったが、倉庫への陸上輸送上での効率をあげるため、輸送機はエプロンを利用して荷下ろしすることとした。一方、南側誘導路および周辺グラスエリアへの救援ヘリや小型機の駐機にあたっては、消防航空隊が航空機の大きさや給油口の位置をその場で確認しながら、スポットアサインメントおよびマーシャリングを行った。タイヤ式とスキッド式[26]で、それぞれ駐機場所を誘導路とグラスエリアにタイプ分けし、かつグラスエリア内では救援機と報道機でゾーニング分けした。これらの実施にあたっては、マーシャラーには事前に情報が与えられなかったため、現場は混乱した。実際にはこれらを目視で判断していたため、マーシャリング直前でしか判別できず、エリア内も広大であるため、多数のマーシャラーを配置する必要が生じた。なお、ヘリコプター操縦者が駐機場所を理解できず、右

---

[25] 地上からパイロットに合図を送り航空機を停止位置等に誘導すること
[26] ヘリコプターにはタイヤがついている機体とスキッド（ソリ）がついている機体がある。

往左往している機体も見受けられた。こうした問題が生じたものの、多数の機材が飛来した場合の駐機エリアが事前に想定されていたことで、駐機に関しては大きな混雑は起きなかった。

一方で、給油については苦情が多かった。福島空港には小型機用ノズルの付いた給油車両が3台中1台しかなかったため、順番待ちで最大約1時間の待ち時間を要した[27]。また、順番も救援機を優先したため、後回しとなった機体から不平が出た。今回は、給油待ちによって出動要請に影響はなかったが、緊急を要する活動において支障となる可能性もあることから改善が必要である。なお、給油車はグラスエリア内の走行が困難であるため、給油を行う機体はグラスエリア内中央部には駐機できなかった。

③ 主体別の活動実態と課題

1）福島県空港事務所

通常は22名3班交代体制で業務に従事している。発災後から24時間運用となり、2日目まではほぼ全員体制で対応し、3日目からは3班体制にシフトした。空港勤務経験者2名の応援を得たが、業務が増大したうえに24時間運用では1人あたりの負担が大きかった。災害発生時に十分な人員体制をとれるよう、県職員OBや他県からの応援などの準備が必要である。ただし、空港は特殊業務が多いことから、すぐに業務に従事できるのは経験者に限られる。国管理空港の事務所や航空局の出張所とは異なり、県職員の場合は空港従事経験者が少ないのが課題である。

一般被災者から他の交通手段についての問い合わせも多く、鉄道および高速道路の再開状況や臨時バスの運行状況について情報収集が必要であった。構内作業車両や職員の通勤のための車両も、燃料の確保に苦慮した。これらの車両用の燃料も通常より確保する手段を考える必要がある。自衛隊員やDMAT隊員などによる空港保安エリアの出入りが頻繁となり、事前申請許可では対応できないため、身分が確認できた者については許可証がなくても入構できるようにした。

---

[27] 給油会社は4名の人員で24時間体制で対応し、また原発事故の関係で防護服を着用しながら、報道機等の民間機を含め通常の何倍もの給油作業を行う必要があった。なお、2012年4月より小型機用車両を3台中2台に増加。

2) 国土交通省東京航空局福島空港出張所

　管制塔のガラスが割れたが、管制卓等の被害はなかった。ただ、風雨が入ってくるため、2階の事務室にてガンセットを用いて対空援助業務を継続した。本省へ移動用の管制施設の配備を要望したが、仙台空港で使用されていたため配備されなかった。

　応援要員として航空管制運航情報官延べ7名の派遣を受けた。職員のなかに偶然、2003年の宮城県沖地震、2004年の新潟県中越地震を経験していた者がいたため、災害時対応はスムーズに進めることができた。このような経験者がいなかった場合でも災害時対応を滞りなく行うためには、経験を踏まえたより現実的な災害時マニュアルの整備が望まれる。

3) 福島県消防防災航空隊

a) 体　　制

　通常は、所員3名、航空隊員9名、運航要員[28] 6名（パイロット2名、整備士3名、運航管理1名）の人員体制である。所有ヘリコプターは、ベル412EP型が1機である。ヘリコプターの最大定員は15名だが、通常は隊員・操縦士など5～6名が搭乗し、救急、救助および消火などの活動を実施している。

b) 緊急消防援助隊の活動概要

　発災後、まずは福島県のヘリコプターで浜通り地方を中心に被害状況の情報収集を行った。翌3月12日には他県からの応援機9機が飛来した。16日には、応援機の一部が自県等地域の活動に備えるために帰還した。日別のミッション数および応援機数は表4-4のとおりである。発災後4日間は、情報収集、津波警戒、救助活動がほとんどであり、その後患者搬送活動がミッションの大半となった。そのほかに、衛星携帯電話や医薬品、防護服の輸送も行った。

　前述のとおり、消防・防災ヘリ等の小型機は、消防防災航空センター寄りのターミナル南側の誘導路およびグラスエリアを臨時駐機場として使用した。福島県の隊員が飛来してきた機体の大きさと給油口を確認しながら、スポットア

---

[28] 産業航空事業者に運航を委託している。

サインメントとマーシャリングを行った。また、ミッション割り当ても福島県の隊員が担当し、さらに、県内の消防本部に航空隊OBの派遣を要請、派遣された隊員に他県応援隊の後方支援を行ってもらった。今回の活動では、被災地に近い地点にフォワードベースを設けず、空港から出動してミッションを行い、帰還する活動パターンを基本とした。多数の機体がフォワードベースに離着陸すると、それを運用管理する要員が必要となり、人員確保が難しいと考えたからである。結果として、宮城県と異なりフォワードベースを設けなくても十分対応可能であった[29]。

消防防災航空センターとCABなどとの航空機運用に関する連絡は、電話が通じずほとんどとれない状態であった。航空機との通信は無線を用いたが、消

表4-4 緊急消防援助隊航空部隊のミッション数および応援機数

日付（3月）	11	12	13	14	15	16	17	18
件　数	1	18	224	17	0	5	6	6
患者搬送	0	0	0	0	0	4	6	6
他県応援機数	0	9	9	9		2	3	3
備　考			内1件は衛星携帯を輸送		悪天候のため運航中止			

（出所：福島県消防防災航空隊）

写真4-8　福島県警保有のヘリコプター
（出所：福島県警ホームページ）

---

[29] 図2-5参照

防無線は混線状態となり、聞き取りはほとんどできない状態であった。また、飛行計画（フライトプラン）をCABへ提出する際、航空センターからCABへの通信手段がなかったため、文書をCAB事務所まで徒歩で持参して対応した。そのため、往復で約10分を要するなど効率がよくなかった。

航空機への給油は、1台の給油車両が順次スポットを巡回移動して行ったため、最大約1時間の待ち時間が生じることもあった。

4) 福島県警察本部航空隊

a) 体　　制

福島県警察本部航空隊は、福島空港から北に約50km離れている福島市内に専用のヘリポートを有し、活動の拠点としている。後述のとおり、今回の震災では燃料補給や他県からの応援機の活動拠点として福島空港を活用した。福島県警が保有しているヘリコプターは、中型[30]、小型[31]の2機である。また、両機にはヘリコプターテレビ中継システム（ヘリテレ）が装備されている。中型機には旧式（アナログ）、小型機には新型（デジタル）である。小型機は燃費は良いがスピードは遅い、中型機はスピードは速いが燃費が悪いという特徴がある。

b) 県警ヘリの震災時の活動

東日本大震災の発災当日は小型機が整備中で使用不可だった。また、発災当日は中型機は浜通りを飛行中で、無線で地震の情報を得てから、そのまま建物被害などの地震被害の状況について情報収集し、その後基地である県警ヘリポートに戻った。当日の運航体制は、スタッフが9名（パイロット5名、整備4名）で、災害対策本部に兼務1名（連絡調整）で活動した。県警ヘリのおもな業務は救難救急、情報収集である。情報収集ではヘリテレを利用し、地上局を通じて映像を伝送する仕組みになっている。

大規模災害時は他県からの応援を受けることになっており、通常の災害時に応援機は隣県から来るが、今回は災害が複数県に及んでいたため警察庁が指揮した。その結果、福島には4機の応援機が来た。

福島原発の爆発の影響で、放射能汚染の問題があることから雨が少しでも降

---

[30] ベル式412EP型、搭乗人数15名、最高速度250km/時、飛行時間2時間30分
[31] アグスタ式A-109E型、搭乗人数8名、最高速度302km/時、飛行時間2時間50分

ると活動できなかった。また、野外駐機もできず格納庫不足の問題があった。そこで、原発禁止区域を境界として設定し、南部のいわき地域と北部地域を分けて、福島県警ヘリが北部、他県からの応援機は南部で活動することにした。南部は関東（警視庁、埼玉県警など）をベースとする機体が自県のベースを中心に活動し、福島空港をフォワードベースとして、活動終了後は地元のベースに帰還していた。

　県警ヘリポートでは、3万リットルの燃料を備蓄している。通常は仙台港の製油所から輸送しているが、震災発生後しばらく輸送が滞ったことから基本的に備蓄燃料を使用せず、福島空港で燃料補給を受けていた。その後、県警ヘリポートには4月くらいまで燃料の輸送はなかった。福島空港の燃料補給では、給油車両が1台しかないので、給油の順番待ちで1時間程度待ったこともあった。

　福島県に設置された災害対策本部には広域緊急援助隊から約5名が常駐したが、航空の専門家は入っていなかった。また、災害対策本部に消防、自衛隊などの他のヘリコプター運航主体の代表も入っていたが、4月以降の落ち着いた頃にお互いに情報提供、情報共有する程度で、運航の調整などはしていなかった。そのため、重複して特定の地域で活動することもあった。ヘリコプター運用調整班があれば、指揮系統など効率的に行えたと思われる。ただし、その際には、乗員数や航続時間などヘリコプターの特性がわかる人で、機材の本来の特性や役割を生かせる人が調整・分担ができるとよいと考えられる。フォワードベースである福島空港に県警航空隊のスタッフを配置しておらず、県警ヘリポートとは空港派出所を経由して連絡をしていたため、情報のやり取りや運航調整はやりづらかった。

　県警ヘリポートは非公共用であり基本的には昼間のみ活動しているが、実際には必要に応じて夜間も活用可能である。阪神淡路大震災以降、夜間でもヘリポートの活用ができるように簡易照明でも良いので夜間照明を設置することとなり、福島では簡易照明を設置してある。しかし、夜間は住民への騒音問題があり運航はしづらく、今回の震災では停電となっていたため地上が見えず活動もできなかったことが課題としてあげられる。

⑤ 福島空港ビル

　空港ビルはほとんど被害がなく、電気・ガス・電話も被害がなかったが、水道は3月11日から14日まで断水した。通常の何倍もの利用者が24時間滞在したため、貯水槽の貯えがなくなった後は玉川村からの給水車で対応したが、利用量が多く、トイレの使用を1か所に制限するなどの節水制限をとった。

　地震発生後、避難マニュアルどおり、揺れが収まるのを待って館内利用者を館外へ避難誘導した。この時、旅客機の駐機がなく、セキュリティエリアに旅客はいなかった。約30分でビル内の安全を確認し、利用者を再び館内へ誘導した。

　空港の24時間運用化に伴い、ターミナルも3月17日まで24時間対応の体制とした。震災当日は約50人が宿泊し、毛布配布などを行った。翌日からは県外へ避難を希望する旅客が押し掛け、臨時便などのキャンセル待ちで長時間滞在する旅客や周辺地域から避難してきた人もいた。発災後の日別宿泊数は、表4-5のとおりであり、原発事故後の15日には330人がビルで宿泊した。その後、16日に高速道路が開通するとともにターミナルでの滞在者が減少していった。

　臨時便のためセキュリティチェックが混雑し、約1時間40分の出発遅れを生じたこともあった。そこで、ANAが金属探知機1台を運び込み、混雑を解消した。また、救援救助活動のために訪問した各主体（自衛隊、海上保安庁、外国軍、マスコミ、ボランティア団体など）から、会議室などの借用申し込みが多数あった。そのほか、DMATの医師が体調を崩した滞在者のために臨時診療所を設け、これは滞在者から好評であった。これは本来業務が少なかったため可能であった。ビル事務所へは、航空便運航状況や予約状況、アクセス状況などの問い合わせ電話が殺到し、事務員は電話対応に苦労した。

　空港アクセスバス（郡山便、いわき便）は、発災後も通常ダイヤどおりに運

表4-5 空港ターミナルビルの宿泊者数

日付	11日	12日	13日	14日	15日	16日	17日	18日
人数	50人	100人	120人	170人	330人	140人	30人	15人

（出所：福島空港ビル）

写真 4-9　福島県立医科大学に導入されているドクターヘリ（機体番号 JA119D）

行していた。ただし、高速道路が不通の間は一般道経由で対応した。また、郡山便は、航空臨時便に合わせて増便対応した。

6）福島県立医科大学のドクターヘリ

a）ドクターヘリの概要

　福島空港を直接活用したケースではないが、災害時の重要な航空機活動主体であるドクターヘリの運航に関して、福島県立医科大学（以下、福島医大）における東日本大震災時の活動実態を紹介する。福島医大では、ユーロコプターEC135 が導入されており、平時は 1 日 1 件程度のペースで出動している。ドクターヘリの運航時間は 8 時 30 分〜17 時（5 月から 7 月までの期間は 18 時まで）であり、救急部に所属する医師・看護師のうち志願した人のなかから、フライトドクター・フライトナースとして当番制で業務を行っている。ヘリコプターの運航は全国 8 か所のドクターヘリ業務を行っている産業航空事業者が担当しており、福島医大には 1 名のパイロット、1 名の CS[32] が常駐している。福島医大のスタッフは、産業航空事業者のスタッフとともに定期的なローテーションにより業務を担当している。ドクターヘリの運航費用は国と県が半分ずつ出資しており、運用は福島医大が行っている。福島医大のドクターヘリは運航要領より知事の許可を求めることが定められているが、現場判断で柔軟な運用を実施している。

---

[32] Communication Specialist の略で運航管理や運航指示を行う。

b）東日本大震災時のドクターヘリ活動の概要

　通常期のドクターヘリは、消防からの要請によって、重篤な傷病者のもとに医師および看護師を運び、医療活動を行いながら医療機関に運ぶ活動を行っているが、大規模災害時にはDMATの一部として活動を行う。東日本大震災時には、立川にある独立行政法人国立病院機構災害医療センター内のDMAT本部より、福島医大をDMATの一時参集拠点とするとの指示があった。その結果、福島医大には最大8機のドクターヘリが集まった。福島医大のドクターヘリと合わせると9機が福島医大にあり、これらはグラウンドに5〜6機、ヘリポートに2〜3機配置された。おもに3分の1が福島県内で活動し、残りの3分の2は県外の石巻日赤病院の広域搬送で活動した。なお、全国に26機のドクターヘリがあり、東日本大震災では16機が被災地派遣された。加えて、派遣命令を受けずに被災地入りし、医療活動をした機体が2機あることから、合計18機が被災地で活動した。そのうちの8機が福島医大を拠点として活動した。

　東日本大震災では広域搬送が実施され、SCUが福島空港、花巻空港、霞目駐屯地に設置された。福島医大で把握している限りでは、福島県内のドクターヘリの運航管理は福島医大の運航指令所が行い、岩手県は現場CSが行った。岩手県の場合、花巻空港に自衛隊機が待機し、そこまでドクターヘリで患者を搬送してから被災地外に広域搬送した。広域搬送の実績は、福島県内から3月12日に2人搬送され、花巻空港からは9人がC-1輸送機で新千歳空港、羽田空港に広域搬送された。仙台空港にSCUが展開できなかったのは仙台空港が水没したためである。そのため、陸上自衛隊霞目駐屯地にSCUが設置されたが、滑走路が短く大型機が離着陸することができなかったため、利用がなかったと推察される。

c）ドクターヘリの運用・燃料供給および航空管制

　今回の震災では、福島医大をヘリベースとする機体は、宮城県角田のヘリポートで朝日航洋株式会社から備蓄燃料（ドラム缶）の提供を受けている。角田のヘリポートには40本備蓄可能で、発災時には30本が備蓄されていた。福島医大にはヘリベースとする機体が多く駐機していたことから、震災翌日には約30本を新潟と東京から輸送していたとのことである。これらドクターヘリ

の燃料は課税対象となっていることから、ドクターヘリ運用に関わる企業にとっては大きな負担となっていることが、平常時の課題として挙げられる。

航空機の管制については、震災時に福島県内を飛行するすべての機は自衛隊とコンタクトして情報提供を受けるようノータムが発せられた（Primary周波数123.1 MHz、Secondary 138.05 MHz）。また、福島医大やSCUのCSと飛来する航空機との無線交信については、他社運航のドクターヘリや自衛隊等の他機関との交信が困難であった。福島医大のドクターヘリに搭載されている無線はカンパニー無線と医療無線である。カンパニー無線の周波数は通常他社は知らず、医療無線はドクターヘリ以外の機体には搭載していないため、今回のような緊急時には他社や自衛隊等に対する通信の対応に苦慮した。

防災ヘリが連絡なしに突然福島医大のグラウンドに着陸してくることもあった。災害対策本部に対し自衛隊から福島医大への受け入れ要請はあったと思われるが、運航指令室のCSには連絡は来なかったのである。この結果を受けて、福島医大では現在、病院の災対本部が要請を受けたものは連絡がくる仕組みになっている。今回の震災では、震災当初は緊急措置的に、産業航空事業者のCSがディスパッチ等のコントロールを行った。災害時にドクターヘリへのミッション指示は、DMATから来ることもある。しかしドクターヘリは、通常の消防要請も受けなければならない。今回の震災では、DMATの活動が収まって来た頃に通常のドクターヘリの活動ができたため、大きな支障は生じなかった。災害超急性期[33]にはDMATの活動支援を行い、亜急性期は本来のドクターヘリも行わなければならないため、要請が複数から来る可能性があることも課題である。

d) ドクターヘリの運用における課題

国の防災要綱にはドクターヘリの位置づけが明確にされていない。加えて、ドクターヘリの災害時の有効活用が運航要綱にない。さらに、民間人である運航要員の生命の保証も明確にクリアされていないことが課題である。

ドクターヘリは、ドクター（医療スタッフ）の輸送が第一の目的であり、患者搬送は第二目的である。仮に現場において、医師がドクターヘリの必要性を

---

[33] 災害医療では、災害発生からの経過時間で、超急性期（発災から48時間）、急性期（48時間～1週間）、亜急性期（1週間～1か月）、慢性期（1か月～）と呼ばれる。

認知しても、消防の要請がないと飛ぶことができない現状がある。また、ドクターヘリは通常は自県内での活動のみであり、応援協定がない場合、他県に応援に行くことが難しい。応援協定は、大阪、和歌山、兵庫の3県、茨城、栃木、群馬の3県などで結ばれているものの十分ではない。より多くの地域で応援協定を結ぶことが望まれる。

4-4 インタビュー調査のまとめと空港運用に関する一考察

　本章では、関係者へのインタビュー調査をもとに、東日本大震災時の東北の主要空港における施設被害、復旧状況、また空港等の運用実態と得られた課題を詳細に紹介した。大規模災害時には、いずれの空港においても駐機スペースと燃料補給体制の確保が主要な課題であったことがわかる。それら確保のために、各空港で誘導路やグラスエリア等の空港施設の普段とは異なる用途での使用、応援職員の派遣、異なる組織間での情報共有と意思決定をスムーズにするための体制づくりなどを行った。さまざまな工夫により駐機スペースの確保を行ったが、第3章の航空機駐機数と比較してもわかるように、駐機スペース制約で空港における航空機の処理能力が規定されている様子がうかがえた。空港利用ニーズとしては実績以上にあったものと想像される。

　一方で、各空港で過去の災害時の教訓を生かした協定づくりや事前の訓練と準備が大きな効果を発揮したことは特筆すべきことである。大規模災害を想定した事前の訓練や準備が非常に重要であることが改めて示された。今後、他空港でも生かせる事前準備も数多く見られた。これらに関しては第9章にて改めて将来に向けた提言を含めて大局的に整理を行う。駐機スペースや給油能力等の課題に関しては、今後の対策が重要であることは間違いない。他方で空港の重要な基本施設としては滑走路もあげられる。本章で紹介した東北の3空港はいずれも平常時の発着回数が多くないため航空管制官が配置されておらず、航空管制運航情報官が対空支援業務[34]を行う空港、いわゆるレディオ空港であった。レディオ空港は管制官が配置された管制空港に比べて処理能力は小さい。もともと交通量が少なく大きな処理能力を必要としないため、管制官が配置さ

---

[34] 滑走路の使用状況等の情報提供業務を行い、管制官のように航空機に対して離着陸のタイミングの指示や速度調整などは基本的にできない。

れていないので当然のことである。そのため一時的とはいえ、わが国の大規模空港並みの発着回数があった東日本大震災時では、各空港の航空管制運航情報官のワークロードは相当に高く、一部に滑走路容量に起因した航空機遅延も生じていることがインタビュー調査からもうかがえた。平常時から定期旅客便が多数発着する空港では滑走路容量に余裕がなく、滑走路容量問題が顕在化する可能性もある。そのため、たとえばヘリコプター用にヘリパッドや駐機場に直接離着陸できる離着陸経路を、通常使用する滑走路に接続する離着陸経路とは別に設定をしておくとともに、その経路を定期的に訓練として使用しておくなど、緊急時の滑走路処理能力の拡大策も検討する必要がある。滑走路と駐機場の容量を同時に考慮した空港容量評価に関するシミュレーション分析については第5章にて紹介する。

> コラム①：阪神・淡路大震災時の空港運用[35]
>
> 　阪神・淡路大震災は、1995年1月17日に発生した淡路島北部沖の明石海峡を震源とするマグニチュード7.3の地震で、兵庫県を中心に高速道路や鉄道が寸断され、長期にわたり東西の地上交通機能に支障が出た。発災時には、おもに大阪国際空港（伊丹空港）、関西国際空港、八尾空港の3空港が、被災地への人員や物資輸送の拠点として使用された。伊丹空港は、警察、自衛隊、報道関係の部隊を受け入れ、緊急支援物資についても多少受け入れを行った。八尾空港は、ヘリコプター関係の多くが基地としており、おもに報道ヘリや初動の民間機などの対応を行った。関西国際空港は、おもに国内・海外からの物資の受け入れを行い、それらを海上保安庁の巡視船などを活用し神戸三宮方面へ輸送を行った。
>
> 　被災地内では、西宮運動場、東遊園地などが拠点として使用されたが、ポートアイランドにある神戸ヘリポートは液状化のため使用できず、神戸市北区にある防災センターを活用していた。第2章で紹介したとおり、緊急消防援助隊（緊援隊）は、この阪神・淡路大震災を教訓に、全国の消防

---

[35] 本コラムは、阪神・淡路大震災に関する国の対応について述べられている、以下の資料（関西交通経済研究センター（2010）阪神・淡路大震災における運輸関係者の行動記録DVD-box）および大阪航空局へのインタビュー調査をもとにまとめたものである。

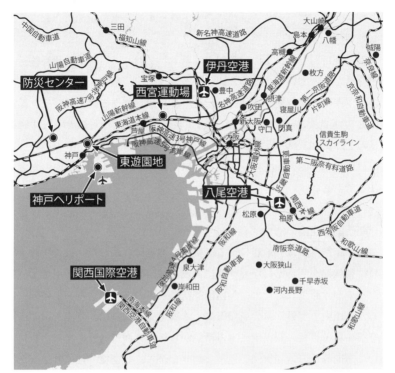

図4-11　阪神・淡路大震災でおもに活用された空港および場外離着陸場

機関による応援を速やかに実施するために創設された。

(1) 大阪国際空港（伊丹空港）

　伊丹空港では、管制塔のガラスに一部ひびが入る被害があり、滑走路、誘導路についても多くのクラックが発生していたが、気象状態や航空機の性能などからみて運航に支障がないと判断し、運用を行っていた。

　伊丹空港は、おもに同空港をベースとする報道関係3社と警察、消防の一部が利用していた。また発災の4か月前に国際線が関西国際空港へ移転した関係上、国際線のスペースが空いており、自衛隊や米軍が空から運んでくる救援物資をスムーズに受け入れることができた。発災の2日後くら

いより、全国の警察が来て、現場のパトロールの拠点や宿泊所として、旧国際線地区を3か月間利用していた。

　大阪と神戸間では、山陽新幹線が寸断されており、新幹線の代替輸送対策が急務となっていた。そのため伊丹空港と羽田、福岡、岡山、広島、高松の各空港間で臨時便や増便を行った。また伊丹空港の運用時間は、地元住民との間では21時までだったが、震災時の緊急的なものとして1時間延長の22時までということを理解を得て運用を行った。

　なお伊丹空港においては、給油や燃料関係のトラブル等はなかったということである。

(2)　**関西国際空港**

　関西国際空港では、地震による直接的な被害はなかった。阪神淡路大震災の被害状況が明らかになり、特に大阪と神戸間の高速道路が崩壊し、陸上ルートが寸断されたため、関西国際空港からの海上輸送ルートの確保に努めた。国内・海外からの航空機による緊急支援物資は、基本的に関西国際空港に集中させ、空港内にある岸壁から神戸方面に送り出すことを検討した。通関等その他諸機関と連携を図りながら、航空機で運ばれてきた物資をトラックに積み込み、空港内の桟橋まで運び、神戸のポートアイランド方面へ運ぶという輸送ルートを確立した。当初の物資は医薬品など緊急性を要する物資が多く、海上保安庁の巡視船で運んでいた。しかし巡視船は物資を運ぶ構造にはなっておらず、物資に網をかけて固定させるなどの人力の作業も多く発生していた。救援物資の搬入活動が軌道に乗ってきた頃からは、海上保安庁の船だけではなく、RORO船[36]を活用して、救援物資を満載したトラックをそのまま船に乗せて運ぶことも行った。

(3)　**八尾空港**

　八尾空港では、空港運用の工夫として、2本ある滑走路のうち1本を閉

---

[36] フェリー船のようにトラック等の車両が自走して乗り降りでき、それらを収納できる貨物船のこと。Roll-on Roll-off船の略。

鎖し駐機等に活用、多く飛来するヘリコプターなどに対応した。また、緊急支援機のために八尾空港から被災地までの専用の飛行ルートを確保した。これは、被災地域に多数集まった報道ヘリとの交錯を避け、物資・人員輸送を行う機体が安全に最短で飛べるように配慮した結果であり、結果的に輸送能力等の向上に寄与することとなった。

コラム②：熊本地震時の空港運用

2016年4月に熊本地方で発生した地震では、九州の日奈久・布田川断層付近を中心に、高速道路や新幹線といった都市間を陸上で結ぶ交通インフラ施設にも被害が生じた。一方、震源地に近い上益城郡益城町や菊池郡菊陽町などにまたがって立地している熊本空港であるが、特に滑走路や駐機場、航空管制のための航空保安施設といった空港基本施設は軽微なクラックが発生した程度でほぼ被害がなく、発災直後から救援救助のための航空機やヘリの発着が可能となった。これは、同空港が地盤条件の良い高台の上に設置されていることに加えて、基本施設の耐震性能が2013年に行われた耐震照査で確認済みであり、管制塔も2007年に耐震改修済みであったこと、霧のときの計器着陸のための地上機器等の管制保安施設には、機器の正常動作をモニタリングする装置があり、損傷がないことがすぐに確認できたことなどが功を奏したものと考えられる。ただし、余震が収まらないことや管制塔管制室内部の機器の被災もあり、本震から3日間は管制塔ではなく気象現業室にて情報提供業務のみを行った。旅客ターミナルビルでは、最も古いメインフロアは2012年に全面改修し、ブレース（柱や梁に対して斜めに入れる補強材）による耐震補強に加え、過去に他の空港で落下事例のあった吊り天井についても耐震対策をしていたため被害は軽微であった。しかし、1期から4期まで段階的に増築してきた建物の境界箇所で一部の構造部材に被害が生じ、ターミナルの使用に制約を生じさせた。制約は生じたものの、応急復旧を行い、本震から3日目には一

写真 4-10　熊本地震時のヘリベースの様子　　写真 4-11　熊本地震時のヘリベースの様子
（写真提供：熊本県防災消防航空センター）　（写真提供：熊本県防災消防航空センター）

般旅客便の発着を再開した。

　こうした結果、発災後安全点検を経て直後より 24 時間体制で緊急支援機の運航が可能となった。

　熊本空港には、陸上自衛隊高遊原分屯地や熊本県防災消防航空センター、熊本県警察航空隊基地が隣接して設置されており、道路等のネットワークが寸断されるなか、ヘリなどによる被災地への支援活動の交通拠点としての機能が大いに発揮された。熊本県防災消防航空センターエプロンには、他都府県の消防・防災ヘリが応援に駆け付け、1 日最大 16 機が駐機した。

　さらに、熊本空港には、熊本県防災駐機場が整備されており、こちらには警察庁ヘリや他県警察からの応援ヘリが駐機した。この熊本県防災駐機場は、東日本大震災時に内陸の山形空港が仙台空港の代替機能を担ったことを教訓に、南海トラフ巨大地震の際の九州東側（大分・宮崎）への輸送拠点として熊本空港を位置づけ、防災機能を強化したものである。2014 年に熊本県が「九州を支える広域防災拠点構想」を策定、その後、熊本空港を防災拠点として整備を開始し、2014 度末には空港隣接地に上記の防災駐機場を整備完了、2015 年には国（中央防災会議）の「南海トラフ地震における具体的な応急対策活動に関する計画」で大規模な広域防災拠点にも指定されている（全国で 5 か所：静岡空港、名古屋飛行場、名古屋港、熊本空港、大分スポーツ公園）。

この熊本県防災駐機場に、熊本県防災消防航空センターおよび熊本県警察航空隊基地を移転合築し、2017年11月「熊本県総合防災航空センター」として開所した。

写真 4-12　熊本地震時のヘリコプターへの燃料補給の様子
（写真提供：熊本県防災消防航空センター）

　熊本地震発災直後より、緊急消防援助隊として、東京都以西の都府県から多くの消防航空隊が熊本空港に入り、救助・救援活動を行った。一方で東日本大震災と比較すると被害が広域的ではなかったために、九州・中国・四国比較的近場の航空隊は、夜間は自衛隊の基地で待機を行い、日の出とともに熊本空港に入るような運用を行っていた。給油についても発災直後は、旅客定期便が運休となっていたため、エアライン用のタンクローリーをまわす等を行っていたため特に問題にはならなかった。

　旅客臨時便については、福岡～鹿児島等で臨時航空便が運行され、航空輸送による陸上交通ネットワークの代替機能を果たした。

コラム③　ニュージーランド・カンタベリー地震時の空港運用

　東日本大震災が発生する約3週間前の2011年2月22日、ニュージーランドのクライストチャーチではマグニチュード6.1のカンタベリー地震が発生した。この地震により日本人を含む185人が死亡、300人以上が負傷した。クライストチャーチ市内外では多くの建物が崩壊し、ヘリコプターによ

写真 4-13　ハグレイ公園
（出所：筆者撮影）

る救助活動も実施された。この救助活動では、写真4-13に示すハグレイ公園を場外発着場として利用していた。ハグレイ公園にはクライストチャーチ市立病院が隣接しており、ミッション中は負傷者の降機場所としても活用されていた。なお、ハグレイ公園は平常時から急病人・怪我人の降機場所として用いられており、ヘリコプター離発着場の近くには救急車搬入口、信号機なども設置されている。

クライストチャーチ国際空港には「Heli Center」が併設されていて、震災時にはヘリベースとして使用された。その周辺には広大なグラスエリアがあり、震災時に多数飛来したヘリの駐機スペース不足はまったく問題にならなかった。また、この震災での救助活動を教訓として「Emergency Control Center」と呼ばれる施設を空港内に設置した。この施設は、大規模災害発生時に空港当局・警察・消防・警備・病院等の関係機関が一堂に集結可能な会議スペースがあり、情報交換・共有化を行うことができる。また、関係各機関とのホットラインの設備が整えられており、大規模災害発生時には司令塔として機能するようになっている。東日本大震災においても救援救助に関わる複数の主体間の連携が課題となったため、この取組みはわが国にとっても一考に値するものと考えられる。

写真4-14　Heli CenterとEmergency Control Center（クライストチャーチ空港）
（出所：筆者撮影）

第2編　研究調査編

第 2 編の研究担当
第 5 章　大規模災害時の空港容量評価シミュレーション：　　平田輝満
第 6 章　航空機待ち時間短縮のための空港運用：花岡伸也・崔　善鏡
第 7 章　空港と場外離着陸場の連携方策シミュレーション：
　　　　　　　　　　　　　　　　　　　轟　朝幸・川﨑智也・荒谷太郎
第 8 章　空港の防災拠点化のための空間計画：　花岡伸也・崔　善鏡

第5章　大規模災害時の空港容量評価シミュレーション

　本章では、駐機場などの空港施設の規模が比較的小さな地方空港をおもな対象とし、大規模災害時にどの程度の航空機が受け入れ可能かを検討するための空港容量評価の方法論を検討した。具体的には、地方空港の施設制約と災害時の運用の特徴を反映するとともに、滑走路と駐機場の運用、また離陸から救援救助等の活動後の帰還・着陸までを同時に考慮した統合型の空港容量評価シミュレーションを開発し、花巻空港を対象にケーススタディを行った。

5-1　大規模災害時の地方空港の運用上の課題

　被災地内の各地方空港には全国から航空機が集結することが予想される。しかし、地方空港では、平常時に発着する航空機の数は少ないため、それに対応する程度の駐機場や航空保安施設しか用意されていないことが多い。そのような空港に航空機が多数集中すると、滑走路や駐機場といった地上施設や空港周辺空域の混雑・混乱が生じることが懸念され、さらに誘導路を駐機場として使用するなど災害対応の特殊運用も要求されることがある。これらの混雑や特殊な運用の影響を事前に適切に評価することは、災害時の空港運用の安全性や効率性を向上することにつながると考えられる。しかしながら、従来の空港容量評価手法はおもに平常時に混雑している空港が対象になっており、必ずしも上記のような問題意識に対応できる方法は十分に検討されていない。また、これまでの大規模災害時には各空港で受け入れ可能な航空機数は、単純に駐機場に駐機できる箇所数であるスポット数（静的な容量）をもとに決定されているが、航空機の出入りを考慮し、許容可能な遅延時間の視点から受け入れ可能機数を評価する考え方（動的な容量）もあり、その考え方に従えば、より多くの航空機が配備できることになる。そこで本研究では、①地方空港の施設制約と災害時の特殊運用の空港容量への影響の整理、②滑走路と駐機場の運用を同時に評価可能な統合型の空港容量評価シミュレーションの開発、③動的な容量の視点から災害時の受け入れ可能航空機数の評価、を目的とした。

5-2　地方空港の施設制約と災害時の特殊運用の空港容量への影響

(1)　地方空港の施設制約の影響

①　空港監視レーダーの有無（レディオ空港）

地方空港での運航上の特徴として、レディオ空港での運航に着目した。レディオ空港とは空港周辺の低高度を飛行する航空機の位置を監視するためのレーダー（空港監視レーダー、ASR：Airport Surveilance Radar）がなく、さらに航空機に対する指示権限のない航空管制運航情報官と呼ばれる職員が飛行場周辺の航空機に対して情報提供のみを行う形態をとっている空港である[1]。2014年現在、わが国では東北地方や山陰地方、離島などを中心に合計18の空港がレディオ空港として運用されている。

一般に、高い処理能力が必要ない地方空港がレディオ空港となるため、指示権限を有する航空管制官が勤務する管制化空港と比べ、レディオ空港における

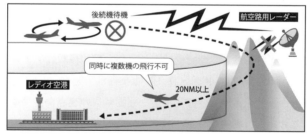

図 5-1　レーダーを用いた間隔設定（上）とレディオ空港における飛行間隔（下）

---

[1] レディオ空港よりもさらに航空交通量が少ない場合には航空管制運航情報官も配置されず、そのような空港を「リモート空港（RAG空港）」と呼ぶが、リモート空港も本章で考察しているレディオ空港と同様の滑走路・空域運用となるため、処理容量上は同様の考え方が適用できる。

航空機の処理能力は低い。特に、ASR が設置されていないため、空港周辺の離着陸機は航空管制官がレーダーを見ながら誘導して航空機間の距離間隔をコントロールすることができない。したがって、通常、レディオ空港への到着機は、空港への進入を開始する航空路上の地点（初期進入FIX）まで高高度を管制する航空路管制の航空管制官が誘導し、それ以降着陸までの区間は同時に1機のみを進入させる方式で安全を確保している。そのため、連続する着陸機の間隔は非常に長くなってしまう[2]。着陸機と離陸機の関係においても、ASR があるような管制化空港に比べて、先行離陸機と後続着陸機の間の距離間隔が数倍必要になる。

② 平行誘導路の有無

航空交通量の多い空港の滑走路には、通常、平行して誘導路が整備されることが多い。この平行誘導路は滑走路からの着陸機の速やかな離脱や、滑走路端への離陸機の走行しやすさの確保のために整備され、これらにより離着陸する航空機が滑走路を使用する時間（滑走路占有時間）を短くすることができる。滑走路は同時に1機のみしか使用が許可されないため、滑走路占有時間を短くすることで滑走路の処理容量が上がる。一方で、航空交通量の少ない地方空港では平行誘導路が整備されていない空港も存在し、そのような空港では滑走路の処理容量が低下することになる。たとえば、着陸機は着陸後に滑走路端で一度Uターンして滑走路の中央付近などにある取付誘導路の位置まで滑走路内を走行することになるため、滑走路を占有する時間が長くなってしまい、その間は他の航空機が滑走路を使用できないことが理由である。

---

[2] 着陸進入に関する許可は初期進入FIX（FIX は航空路上の特定の地点のことで、この初期進入FIX は進入飛行を開始する地点で、ハイステーションとも呼ばれる）で発出される。レディオ空港における発出の条件は、①先行到着機がすでに到着している場合、②先行到着機がIFR（計器を使用し、管制官の指示に従いながら飛行する方式）をキャンセルした場合のいずれかであり、上記条件を満たさない場合、後続到着機はハイステーションにて旋回待機となり、後続出発機は地上で待機となる。離陸機については離陸後、航空路管制の管制官がレーダーで先行機を確認した後に後続機に対し出発承認が発出される。なお、IFR機が途中でIFRをキャンセルした場合はその航空機はVFR機（有視界飛行方式）と同等の扱いを受ける。

(2) 災害時の空港の特殊運用

① 平行誘導路の駐機場としての使用

第4章で紹介した東日本大震災時の福島空港のように、ヘリコプターなどの駐機場の容量不足に対応するために、平行誘導路のうち駐機場に近い部分を臨時の駐機場として使用することがある（図5-2）。このように、滑走路端付近は平行誘導路機能を残すことで、着陸した航空機は速やかに滑走路を離脱可能となり、臨時の駐機場運用を行いつつも、滑走路容量の低下は最小限にできる（誘導路のメガネ型運用と呼ばれる）。

② 多数のヘリコプターの運航

災害時には救援や救助のための多数のヘリコプターが空港を利用することになる。固定翼機と比較した際のヘリコプターの特徴のひとつにホバリングにより空中でほぼ静止できることがあげられる。このことは滑走路容量を計算するうえで、上記の滑走路占有時間の考え方に影響する。たとえば連続着陸を考えると、固定翼機の場合は空中で静止できないため、先行着陸機の滑走路占有時間は機材によるバラつきなどを考慮して、その平均値に一定のバッファー（安全率）を加えて容量計算を行う。一方でヘリコプターは、空中で静止しながら先行着陸機の滑走路離脱を待つことができるため、容量計算上の滑走路占有時間は平均値でよいことになる[3]。

なお、有視界飛行が可能な気象条件では、通常、空港に近づいた航空機の離着陸は場周経路（Traffic Pattern）と呼ばれる経路を経由して行われる。場周経路とは、離着陸する航空機の流れを整えるために飛行場周辺に設けられる飛行経路のことである。一般的な場周経路は滑走路を一辺とする四角形の飛行経路により構成されるが、羽田空港のようにヘリコプター専用の進入経路や進入要領が定められている場合がある。

---

[3] 先行着陸機が早く離脱すれば後続着陸機は早く着陸でき、逆に先行機が遅ければ後続の着陸も遅くなる、つまり単位時間あたりの平均的な処理容量は滑走路占有時間の平均値で考えればよいことになる。なお、滑走路上で待機する離陸機の場合も（固定翼機も含め）同様の考え方である。

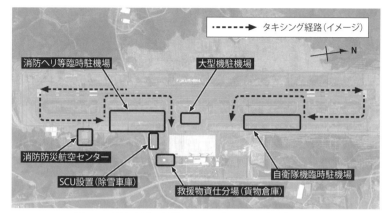

図 5-2　福島空港の駐機スペース運用および誘導路運用

5-3　統合型空港容量評価シミュレーションの開発とケーススタディ

(1) 本研究における空港容量の基本的な考え方

　空港の処理容量は、滑走路や駐機場といった運航に直接的に関わる施設から、ターミナルビルや荷役施設といった付帯施設、さらには滑走路の運用に影響する空港周辺空域など、さまざまな要素の処理容量が複合的に組み合わさって構成されている。このうち本研究では運航に直接的に関わる滑走路・駐機場および周辺空域に着目してその処理容量を算出する。

　滑走路および滑走路の延長上の周辺空域に関しては、前節に示したように特定の区間を同時に複数の航空機で使用しないように制約することで航空機同士の安全な間隔を担保している。本節で開発するシミュレーションにおいても同様に、当該区間を1機が通過するのに要する時間を算出することで滑走路容量を算出する。

　また、駐機場は、スポット数そのものの数をみる「静的な考え方」と、航空機の駐機時間をもとに単位時間あたりにどれだけの航空機を取り扱うことができるかという「動的な考え方」がある（以下、それぞれを静的容量、動的容量とする）。静的容量は瞬間的な空港の最大駐機可能数を表しているが、航空機

の駐機場への出入り（離着陸）を考慮していない。よって、静的容量は夜間など航空機の活動外時間における駐機可能数を評価するために用いる。本研究では、既存ストックの最大活用方策について検討を行えるように、単位時間あたりの処理可能機数を表す動的容量を適用することとする。これは、一定数の救援救助機は常に空港から離れて活動しているとすれば、その分、追加的に航空機を受け入れ可能であると考えたためである。

この動的容量を考えるうえで必要となるのが遅延時間や安全面への配慮である。静的容量を前提とした運用であれば駐機場不足による待ち時間は発生しない。しかし、動的容量を前提とした運用となれば、駐機場が一杯なため空中で待機し、空港への着陸が遅延する可能性がある。この遅延時間は交通量などの条件によって確率的に発生することになるが、特に着陸機に対する過剰な待ち時間が発生しないようにするなど安全面への配慮が必要であり、確率現象である限り確率的な評価指標が必要となる。なお、混雑空港の滑走路容量の評価においては、諸外国では、確率的に発生する遅延時間の平均値が一定以下になるように空港の容量（発着枠）を設定する例がある。この許容遅延時間[4]からみた容量設定の考え方を駐機場容量も加味した空港全体の容量評価に応用した考え方である。

本研究では、滑走路と駐機場を同時に考慮した空港運用シミュレーションから算出される空中待機による遅延時間の確率分布をもとに、許容可能な遅延時間とそれを超える確率上限から空港容量を評価することとした。この許容遅延時間と確率上限はさまざまな考え方があり得るが、たとえば、「航空法第63条で定められている予備燃料[5]で飛行可能な時間を参考に許容時間を設定し、それを超える確率を1%以下にする」といった考え方である。例として、飛行計画時間を2時間とした場合の予備燃料は 20分 + 2時間 × 0.1 = 32分 となる。このことから本研究では計画飛行時間を2時間と仮定し、安全側に切り捨てて

---

[4] 当該空港を離着陸する航空機が処理容量との関係で平均して遅れる時間について、航空機の運航者や航空管制機関などの関係者間で許容できると判断した遅延時間のこと。

[5] 「着陸地までの飛行を終わるまでに要する燃料の量に、最も長い距離を飛行することができる速度で20分間飛行することができる燃料の量、当該着陸地までの飛行を終わるまでに要する時間の10%に相当する時間を飛行することができる燃料の量および不測の事態を考慮して国土交通大臣が告示で定める燃料の量を加えた量」と定められている。

30分を許容待ち時間のひとつの目安とする。

また、待機時間が30分を超えてしまう航空機や夜間駐機・天候悪化時の全機駐機への対応策としては空港周辺の場外離着陸場の利用をあらかじめ規定する、空港の駐機数や離着陸数などの交通流予測をもとに空港への到着時刻制御を行う（現在実施している平時の航空交通流制御の有事への応用）などの対策が必要であると考えられる。なお、現在、宇宙航空研究開発機構（JAXA）を中心に開発・実装が進められている災害救援航空機情報共有ネットワーク（D-NET）といった災害時の航空機情報共有システムは、前述のような交通流管理を実際に実行可能とするツールのひとつであると考えられる。

(2) **統合型シミュレーションのアルゴリズム**

① アルゴリズムの概要

本研究で開発した統合型シミュレーションのイメージを図5-3に示す。シミュレーション全体（1日の運用）の流れとしては、初期状態では駐機場のスポット数分の航空機を配備し、シミュレーション開始（＝日の出の時間）と同時に順次ミッションのために離陸を行い、ミッションを終えた機から同空港に帰還・着陸し、駐機を行う。一定時間駐機した後、再びミッションのために離陸を行う。これを日の入りまで繰り返すことになるが、ここで、日の出から一定時間が経過後に、他の空港などから追加される航空機が空港に到着し、当該空港を拠点に活動する航空機としてミッションに加えている。この追加される

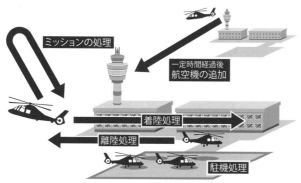

図5-3 統合型シミュレーションのイメージ

航空機数が動的容量の考え方における容量の増加分である。

シミュレーションを構成するおもな要素としては、①滑走路の処理（周辺空域を含む）、②駐機場の処理、③航空機活動（救援救助等のミッション）、④スポット数を超える航空機の追加、の4つである。それぞれの詳細は次項以降で説明する。

② 滑走路の処理アルゴリズム

滑走路を使用して離陸または着陸する航空機は、滑走路に到着した順序に従って処理される（先着順）。各離着陸機の処理にかかる時間を決めれば、それに従って滑走路を使用できる時間と待ち時間が計算される。この1機の離着陸に必要となる時間が前述の「滑走路占有時間」であり[6]、これは航空機が固定翼機かヘリコプターか、離陸か着陸かによって異なり、さらに前後の航空機の組合せによってもその時間は異なる。したがって、連続する離着陸のすべての組合せごとに滑走路占有時間を設定することになるが、ここで前述の地方空港の施設制約や災害時の特殊運用の影響を考慮する必要がある。たとえば、レディオ空港では空港周辺空域の初期進入FIXから着陸までを1機の到着機が占有し続ける場合もあり、連続到着の場合などには非常に大きな滑走路占有時間が生じることとなる。また、平行誘導路がない場合には滑走路を離脱するために滑走路内をUターンして走行し続ける場合の時間も滑走路占有時間に含まれることになり、容量低下の要因となる。表5-1に花巻空港の出発到着経路・滑走路・誘導路のレイアウトをもとに算出した滑走路占有時間（T_{ij}：先行機iと後続機jの間の処理間隔時間）の一覧を示す。ここで、表中に安全容量／最大容量とあるが、これは処理時間にある程度のバッファー時間を加えた値が「安全容量」であり、ルール上の最短間隔で処理した場合の値が「最大容量」となっている。ヘリコプターは基本的に有視界飛行方式（VFR：Visual Flight Rule）によって目視で離着陸するため、たとえば先行機が滑走路を離脱したら、それを見て即座に着陸する、つまり最短の間隔で処理される、とも考えられる。しかし、多少の安全側の評価を行うためには一定程度のバッファーを加

---

[6] 正確には、「滑走路占有時間」は滑走路を使用する時間のみを指し、滑走路処理容量は、「滑走路占有時間」か「航空機間の最低飛行間隔」のうち大きな方で規定されるが、本書では便宜上、滑走路周辺の空域（出発・到着飛行経路）も一体の滑走路系としてみて、最低飛行間隔等からその系を占有している場合も滑走路占有時間として記述している。

5-3 統合型空港容量評価シミュレーションの開発とケーススタディ

表 5-1 滑走路占有時間 T_{ij} の一覧（花巻空港の例）

T_{ij} (sec)			後続機 j					
			着陸			離陸		
			固定翼 (Fa1)	ヘリ (Ha1)	ヘリ (Ha2)	固定翼 (Fd1)	ヘリ (Hd1)	ヘリ (Hd2)
先行機 i	着陸	固定翼 (Fa1)	609	518	518	946	518	518
		ヘリ (Ha1)	81/74	81/74	81/74	81/74	81/74	81/74
		ヘリ (Ha2)	108/62	108/30	108/30	108/62	108/62	108/62
	離陸	固定翼 (Fd1)	290	178	178	290	178	178
		ヘリ (Hd1)	141	141/30	141/30	141	141/80	141/80
		ヘリ (Hd2)	113	113/30	113/30	113	113/80	113/80

※ "/" がある欄については安全容量／最大容量の順で記載
※ 花巻空港は2つの駐機場があり、それに応じて離脱誘導路の位置が異なるため、両者に駐機するヘリを2種類に分けている

えた方がよいと考えられ、以降の分析では安全容量でシミュレーションを実施している。表を見るとわかるが、固定翼機が連続する場合には、前述のとおり、非常に長い占有時間となるため、固定翼機が増加すると滑走路の処理容量は大きく低下する。図5-4に参考として滑走路のみを考えた際の処理容量の算定例

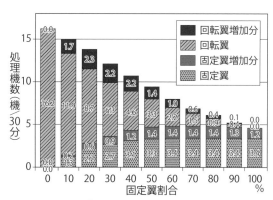

図 5-4 滑走路のみの容量を算定した結果の例
花巻空港の事例。凡例中の「増加分」は平行誘導路がある場合の容量増加分を示す。

を、花巻空港を事例として示している（表5-1の安全容量時の滑走路占有時間を前提として計算）。表5-1は平行誘導路がない場合の滑走路占有時間であるが、図5-5には平行誘導路がある場合の容量増加分も示している。ヘリコプターのみであれば、滑走路容量上は15機／30分の処理容量が確保できるが、固定翼機が増加すると容量が大きく低下することがわかる。なお、東日本大震災時の花巻空港における実際の最大処理機数（固定翼比率別）と比較して、おおむね算定容量と整合していることを確認している。

③ 駐機場の処理アルゴリズム

駐機場の処理は滑走路と同様にそれぞれの航空機の駐機時間を与えることでシミュレーション可能である。駐機時間は、東日本大震災発災直後の2011年3月12日から14日に花巻・山形・福島の各空港を離着陸したヘリコプターの駐機時間を確率分布（ガンマ分布）で近似し、その確率分布に従って、各航空機にランダムに駐機時間を与えている。

④ ミッション時間

災害時の航空機ミッションは救助活動、情報収集、人員・物資輸送などさまざまな内容がある。ミッションの時間は状況に応じて変化するため、シミュレーション上ではある仮定を置かざるを得ない。今回の分析例では、ヘリコプターの飛行可能時間をおおむね120分程度と想定し、それ以下の時間として30分から90分の間でミッション時間をランダムに与えることとした。ここでミッション時間には空港から被災地などのミッション箇所へ移動する時間も含む。ミッション時間が長いほど空港を離れている時間が長くなるため、動的容量を考えるうえでは、時間が長い方が空港の受け入れ可能機数は上げることができる。今回は評価の安全側をみる意味でも多少短めのミッション時間を設定した。

⑤ 他空港などからの航空機の追加

初期状態では当該空港に配備されておらず、シミュレーション開始後、他空港などから追加される航空機が配備されるまでに必要な時間を設定する必要がある。これは、どこから航空機が飛行してくるかに依存するが、今回のシミュレーション上では、はじめに追加される航空機は30分後として設定している。2機目以降は、ランダムに到着するとして追加航空機の到着間隔を平均5分と

なる指数分布で与えた.

⑥ シミュレーションのアウトプット

以上のアルゴリズムをもとに、1日（12時間）の空港運用をシミュレートし、各航空機の離着陸時刻や遅延時間が算出されるが、シミュレーションでは離着陸の順序や時刻、駐機時間やミッション時間などが確率的に変動する。そのため、次節のケーススタディでは、100回分のシミュレーションを繰り返し、その結果を平均して空港容量評価を行った。

(3) **東日本大震災時のデータを活用したケーススタディ**

本節では東日本大震災時の花巻空港をケーススタディとして、本研究で開発した空港容量評価シミュレーションを用いて容量の試算を行った。花巻空港の駐機場は固定翼機用が5スポット、ヘリコプター用が19スポットとなっているが、東日本大震災のときのように、震災直後は固定翼機の離着陸が著しく減少している代わりに、ヘリコプターの離着陸が増加することも想定できることから、固定翼機のスポットをヘリコプターのスポットとして割り当てる運用方法も想定される。また前項で算出した滑走路占有時間において、ヘリコプターと比べて固定翼機の滑走路占有時間が非常に長いことから、固定翼機の離着陸数の増加が滑走路容量を低下させ、空港容量のボトルネックとなることが考えられる。そこで、花巻空港全体の初期配備機数を24機と固定しつつ、仮に初期配備として固定翼機が5機、ヘリコプターが19機配備されることを仮定し、それに対して空港運用開始後から追加可能なヘリコプター機数を変化させた際の遅延時間シミュレーションを行った。結果の一例を図5-5と図5-6に示す。縦軸は、着陸の際に30分以上遅延した航空機の発生確率である。横軸は空港運用開始後、他空港等から追加で配備される航空機（ヘリコプター）の数としている。また、遅延発生確率の内訳として、遅延発生の原因別、つまり滑走路の容量が原因か、駐機場の容量が原因かも示している。当然ながら追加する航空機数が増えると遅延確率が上がることになり、固定翼が5機のケースではその滑走路占有時間の大きさから滑走路容量が低下し、その結果、滑走路に起因した遅延の発生が比較的多いことがわかる。追加航空機数がゼロ、つまり静的容量で配備機数を決めた場合は、当然ながら滑走路原因の遅延のみが発生す

る。一方で、比較的スポット数が多い花巻空港のケースでは、動的容量の考え方からスポット数以上に航空機をある程度追加しても、駐機場に起因した「30分以上の遅延発生確率」はさほど高くなく、仮に許容できる確率の基準を1％に設定すれば、追加で7機程度はスポット数よりも多く配備できることになる。より安全にみて「15分以上遅延の発生確率が1％未満」という基準にすると、追加できる航空機数は3機程度になる。詳細は割愛するが、固定翼機がもし空港を使用しない場合には、駐機場の容量が滑走路の容量に比べてボトルネックの原因となる。以上の結果は、あるシナリオにおける一例であるが、動的容量の概念を使うことにより、より多くの航空機を空港に配し、救援救助活

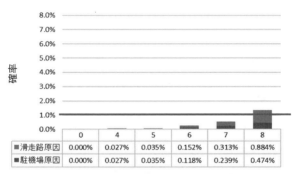

図5-5 着陸の際に30分以上遅延する確率

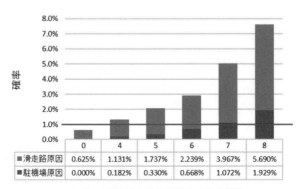

図5-6 着陸の際に15分以上遅延する確率

動の能力を向上できる可能性を示している。

5-4 ま と め

　本章では、地方空港を対象に大規模災害時の容量評価のための考え方の提案とケーススタディを行った。開発した統合型の空港容量評価シミュレーションを活用すると、地方空港の施設制約や災害時の特殊運用の影響を考慮できるとともに、空港に配備する航空機数を変化させた際に、どの程度の遅延時間が生じうるか評価が可能である。今回示したシミュレーションの結果は、ミッションの時間や駐機時間の確率分布（バラつき具合）などの諸条件（インプット条件）によって変動するが、災害時の受援計画上の各空港の受け入れ可能機数を検討する際、従来のスポット数（静的容量）で単純に決定するのみではなく、本章で紹介した動的容量の考え方、さまざまなインプット条件による追加可能機数のシミュレーション結果などを参考に決定する方法も検討に値すると考えている。

【参考文献】
1) 古田土渉、平田輝満：大規模災害時の空港運用方法と容量に関する基礎的研究、第51回土木計画学研究・講演集、CD-ROM, 2015.
2) 久保思温：大規模災害時の空港容量評価シミュレーションの開発、第55回飛行機シンポジウム、CD-ROM, 2017.

第6章　航空機待ち時間短縮のための空港運用

　大規模災害時に、空港では、救急搬送、救助活動、情報収集等の航空機を用いた多くの任務を同時に実施する。そのため、混雑による航空機の待ち時間ができるだけ発生しないよう、これらの任務を適切に処理し、効率的に運用する必要がある。本章では、待ち行列理論のひとつである開放型ジャクソンネットワークモデルを用いて、航空機の待ち時間短縮を目的とした待ち時間推定モデルを構築し、任務に応じて優先順位を与えた際の待ち時間の変化を考察する。

6-1　航空機待ち時間推定モデル

(1)　モデルの考え方

　大規模災害時は、平時とは異なり多くの航空機が運航され、空港でも多くの任務が同時に実施されていることから、それに対応した空港運用が求められる。東日本大震災をはじめとした近年の大規模災害において、被災地に近い空港は発災後に容量を上回る航空機の対応に追われた。空港混雑により離着陸できない状態になると、航空機に上空等で待機を強いることから、各任務を適切に処理し、効率的に運用しなくてはならない。

　緊急時の交通に関する近年の研究では、ネットワークの脆弱性、回復力、避難経路等が注目されており、なかでも空港や港湾のような被災地への入口となる地点がボトルネックになることが指摘されている。そこで本章では、航空機の待ち時間短縮を目的とした待ち時間推定モデルを構築し、任務に応じて優先順位を与えた際の待ち時間の変化を考察する。

　災害時に空港に到着する航空機は、さまざまな事業者によって運航されている。これらの航空機は異なる任務を遂行しており、空港運用は複雑になる。病院の救急患者への対応は、災害後に空港に到着した航空機への対応と運用方法が類似しており、表6-1は、災害時空港運用と病院救急運用の特徴を比較したものである。災害時の空港運用任務の活動場所は災害の種類や程度に応じて柔軟に変えられる一方、病院内の患者への対応は治療室等が固定されている点が異なるものの、その他の特徴は類似している。そこで、病院の救急運用方法[1]

を参照し、災害時に空港に到着する航空機の運用モデルを、待ち行列理論を用いて構築する。

(2) **待ち行列理論によるモデル構築**

待ち行列理論は、理論の明快さと応用範囲の広さからさまざまな災害対応問題

表6-1 災害時の空港運用と病院の救急運用の比較

	災害時空港運用	病院救急運用
対　象	航空機	患　者
到着過程	ポアソン到着	ポアソン到着
場　所	空　港	病　院
活動場所	柔　軟	固　定
関係者	多　い	多　い
優先順位	原則的に先着順[注]	重病度に基づき決定

注　東日本大震災では、防災ヘリを優先することもあった。詳しくは4章を参照。

に適用されている。待ち行列モデルは、サービスを利用する顧客とサービスを提供するサーバ（窓口）で構成され、顧客の到着過程・サービス時間分布・サーバ数の3つでモデルの特性を表現する。災害時の空港運用では、顧客は航空機、サーバは任務となり、病院の救急運用では、顧客は患者、サーバは治療となる。救急運用では重症患者に治療の優先権を与え、軽症患者よりも先に治療を受けられる工夫をしていることから、災害時の空港も任務に応じて優先順位を与えることにより、航空機の総待ち時間が短縮可能である。

基礎モデルとして、待ち行列理論を用いた開放型ジャクソンネットワークモデル[2]を適用する。各航空機の災害時の任務を設定し、任務別に「航空機待ち時間」と「任務中と待ち行列上の航空機数」を開放型ジャクソンネットワークモデルで推定する。航空機の到着過程と任務のサービス時間分布はポアソン過程[1]に従うと仮定する。

空港内の災害対応任務は、図6-1のようにサーバとして示す。任務に応じて、滑走路（着陸・離陸）、人員輸送、救急搬送、救助活動、情報収集、物資輸送、給油の計8つをサーバと位置づける。東日本大震災では、消防・防災機関、警察、自治体・医療機関、国土交通省、海上保安庁、自衛隊、報道機関等が自身の保有する航空機を運用した。第3章の表3-2に示しているように、東日本大震災時の災害目的の航空機活動は、救急搬送、救助活動、災害対応、情

---

[1] ポアソン過程とはランダムに生起する事象を示す確率過程であり、ある事象の生起確率はそれ以前の事象と独立である。

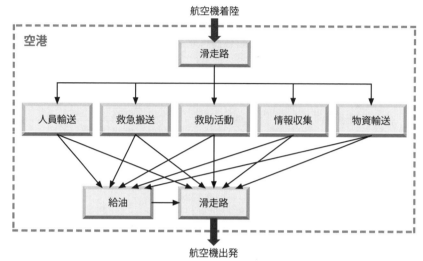
図6-1 空港の災害対応任務を表した開放型ジャクソンネットワークモデル

報収集、人員輸送、物資輸送、臨時便、その他に分けられており、これを参照して空港の災害対応任務を定めた。

空港内での航空機活動の順序は、滑走路に着陸後、誘導路を通過し、エプロンエリアに駐機して災害対応任務を遂行、その後給油し、次の目的地へ向かうため離陸、となる。写真6-1は、花巻空港における物資輸送の任務の様子を示している。

災害時におけるヘリコプター1回の飛行では、救急搬送等のひとつの任務を終えたらベースの空港に戻る。どの任務であっても、着陸と離陸で必ず滑走路を通過し、離陸の前に給油を要することが多いことから、給油の運用が空港全体の運用効率化に影響を与える。図6-1の開放型ジャクソンネットワークモデルの形状は、以上を踏まえて定められている。

開放型ジャクソンネットワークモデルによる待ち行列は、以下の仮定に基づき推定する。

① 滑走路は1本で運用されている。
② 発災後3日以内はすべてヘリコプターにより搬送される。
③ 給油容量は1,251リットル、最大積載は2,313 kgであり、すべてのヘリ

コプターが同一の機能を備えている[2]。

④ 各ヘリコプターは空港着陸後に任務をひとつだけ遂行する。

⑤ 夜間の任務は危険を伴うため各ヘリコプターはベース空港に19時までに帰還することとし、空港運用時間を7時から19時とする。

写真 6-1　自衛隊による物資輸送任務
（出所：岩手県県土整備部空港課提供）

(3) サービス率・航空機到着率・遷移行列の設定

従来研究および東日本大震災での実績値を参考に、滑走路および各任務のサービス率（単位時間あたりの航空機数）を設定する。

まず、滑走路のサービス率は、東日本大震災時の東北3空港の航空機離着陸データから、ヘリコプター着陸後の平均滑走路占有時間を用いて算出した。人員輸送のサービス率は、固定翼旅客の搭乗時間と降機時間から設定した[3]。救急搬送のサービス率は、救急医療サービス率を代理指標として用いた[4]。救助活動のサービス率は、病院の救急運用における重篤患者への処置データを参照した[1]。情報収集のサービス率は、東日本大震災後に実施した岩手県警へのインタビュー調査（第4章参照）によると、人員配置してから機内機器を下ろし、撮影機器を積む時間として約15分かかったことから、これを参考に設定した。物資輸送のサービス率は、フォークリフトの作業速度を参考に設定した[5]。給油のサービス率は、給油トラックと給油管等の利用分配[6]から給油流量を入力して求めた。

航空機到着率の設定に際しては、ヘリコプターと固定翼航空機を含むすべての航空機を対象にした東日本大震災時の航空機離着陸データを用いた。図6-2に、2011年3月1日～3月31日の7時から19時の間に、花巻空港を離着陸した航空機を対象とした1時間あたり着陸数を示す。本研究では、発災後72

---

[2] 消防・防災ヘリでよく利用されている「ベル412タイプ」を参照した。

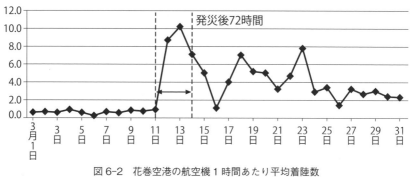

図 6-2　花巻空港の航空機 1 時間あたり平均着陸数
（出所：荒谷ら[7]より作成）

時間までの値を用いた。

　滑走路から各任務への遷移行列は、東日本大震災における東北 3 空港の各運航事業者の到着割合を航空機離着陸データから集計し、事業者別に定めた。

(4) 待ち行列ルール

　待ち行列モデルの標準は先着順（FCFS：first-come-first-served）である。ここでは 3 つのルールを考える。1 つめは標準の先着順で、これは特定の運航事業者に優先順位を与えないルールである。先着順はすべての航空機が同じ重みを持っていることを意味し、同じ待ち時間を共有し、異なる事業者間に優先順位はないものとしている。

　2 つめは、異なる事業者に異なる重要度を割り当てる優先順ルールである。特定の事業者を優先し、より高い優先度の航空機が着陸した場合、その航空機の任務を後回しにできないこととする。第 3 章の表 3-2 の結果を参照し、救命を目的とした医師の搬送を含むドクターヘリの優先度を 1 番目、救急搬送および救助活動の中心的役割を担う消防・防災ヘリの優先度を 2 番目とする。あらゆる任務を担当する自衛隊機の優先度を 3 番目とし、情報収集や救助活動を担う警察ヘリ・海上保安庁ヘリを 4 番目、情報収集が中心で緊急度の低い報道機を 5 番目とする。

　3 つめは先着順と優先順位の両方を考慮した混合ルールである。上位 2 つの事業者に優先順位を割り当て、他の事業者は 3 番目として同じ優先順位を与え

表6-2 航空機運航事業者に対する待ち行列ルールと優先度
(1最高 5最低)

	ドクターヘリ	消防・防災ヘリ	自衛隊機	警察・海上保安庁ヘリ	報道機
先着順	1	1	1	1	1
優先順	1	2	3	4	5
混合	1	2	3	3	3

る。第3優先順位となっている事業者間では先着順に従う。

以上をまとめた待ち行列ルール別の優先度を表6-2に示す。最高の優先度を1とし、5が付与されている事業者は最も優先度が低いことを意味している。

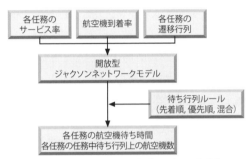

図6-3 航空機待ち時間推定モデルの全体像

以上の航空機待ち時間推定モデルの全体像をまとめたのが図6-3である。開放型ジャクソンネットワークモデルによる航空機待ち時間および航空機数の算出方法の詳細については、著者らの論文[8]を参照されたい。

6-2 分析結果

(1) **先着順および待ち行列ルール別の結果**

まず東北3空港を対象に先着順の分析結果を示す。その次に、花巻空港のみを対象に、先着順、優先順、混合の3ルールを適用した際の結果について検討する。ここでは、空港内で災害対応任務を終え、次の任務に向けて出発前に給油する確率を50%とする。つまり、給油と給油せずに直接滑走路（離陸）に向かう遷移確率をそれぞれ0.5として計算する。

表6-3に、花巻空港における先着順の結果を示す。各任務における、任務中および待ち行列上の航空機数、サービス時間を含む場合と含まない場合の航空

機の待ち時間、稼働率（到着率／サービス率）の推定結果を示す。なお、先着順の場合はすべての運航事業者が同じ待ち時間となるため、運航事業者別の結果は示していない。

　サービス時間を含む待ち時間のうち、救助活動が約38分と最長の待ち時間を示した。これは、花巻空港で多くの事業者が発災後72時間以内に救助活動していたことを意味し、第3章の実態と合致している。任務中および待ち行列上にいる航空機数は救助活動の約3機が最大で、その他の任務は1機未満である。滑走路の待ち時間は約9分と比較的短く、給油の待ち時間約11分と並んで大きなボトルネックとはなっていない。サービス時間を除く実質待ち時間も救助活動が約29分と最長であり、実質待ち時間の短い他の任務と比べ突出している。稼働率も救助活動が0.76と最も高く、混雑していることがわかる。なお、サービス時間を含む待ち時間とサービス時間を除いた実質待ち時間を比較すると、前者は救急搬送が最短であるのに対し、後者は人員輸送が最短である。これは前節で定めたサービス率が異なるために生じた差である。

　同様に、表6-4と表6-5に山形空港と福島空港における先着順の計算結果をそれぞれ示す。東日本大震災の発災後72時間以内で、両空港では人員輸送を目的としたフライトはなかったことから表には含まれていない。山形空港では全般的にどの任務の待ち時間も長くなかった。一方、福島空港では情報収集と給油で20分以上の実質待ち時間が生じている。福島空港では給油で待ち行列が生じたことが第4章でも報告されており、実態と整合した結果が得られている。

　次に、花巻空港を対象に、先着順、優先順、混合の3ルールについてサービス時間を除く実質待ち時間を比較した結果を、運航事業者別に表6-6に示す。先着順と優先順を比較すると、優先順位の高いドクターヘリと消防・防災ヘリの救助活動の待ち時間が、先着順と比較して大きく減少したことがわかる。このように、優先順ルールによって優先度の高い事業者の待ち時間を減少できる一方、自衛隊、警察・海上保安庁ヘリの優先度を下げたことにより、救助活動の待ち時間は大幅に増加している。先着順の28.8分と比較して、警察・海上保安庁ヘリの救助活動の待ち時間は93.1分となり、3.2倍も増加している。しかし、優先順と混合間で比較すると、救助活動の待ち時間の増加率は2.2倍で

収まっている。ドクターヘリと消防・防災ヘリの緊急性を考慮すると、優先順ルールを推奨できる。しかし、優先順位の高い事業者と低い事業者の間で待ち時間のトレードオフが発生していることから、優先順ルール導入の際には慎重

表6-3 花巻空港における先着順の計算結果

	滑走路 （着陸）	人員 輸送	救急 搬送	救助 活動	情報 収集	物資 輸送	給油	滑走路 （離陸）
航空機数	1.36	0.02	0.41	3.12	0.12	0.32	0.79	1.36
サービス時間含む 待ち時間［分］	9.43	12.76	11.65	37.97	16.81	17.65	11.03	9.43
サービス時間除く 実質待ち時間［分］	5.43	0.26	3.36	28.76	1.81	4.31	4.88	5.43
稼働率	0.58	0.02	0.29	0.76	0.11	0.24	0.44	0.58

表6-4 山形空港における先着順の計算結果

	滑走路 （着陸）	救急 搬送	救助 活動	情報 収集	物資 輸送	給油	滑走路 （離陸）
航空機数	0.35	0.02	0.75	0.17	0.11	0.25	0.35
サービス時間含む 待ち時間［分］	5.41	8.43	16.09	17.58	14.73	7.69	5.41
サービス時間除く 実質待ち時間［分］	1.41	0.14	6.87	2.58	1.41	1.54	1.41
稼働率	0.26	0.02	0.43	0.15	0.10	0.43	0.26

表6-5 福島空港における先着順の計算結果

	滑走路 （着陸）	救急 搬送	救助 活動	情報 収集	物資 輸送	給油	滑走路 （離陸）
航空機数	1.22	0.05	0.68	2.20	0.34	2.38	1.22
サービス時間含む 待ち時間［分］	8.89	8.69	15.50	32.00	17.91	34.66	8.89
サービス時間除く 実質待ち時間［分］	4.89	0.40	6.29	22.00	4.59	24.42	4.89
稼働率	0.55	0.05	0.41	0.69	0.26	0.70	0.55

表6-6 花巻空港における事業者別・待ち行列ルール別・任務別の待ち時間推定結果
(単位：分)

	ドクターヘリ			消防・防災ヘリ			自衛隊機			警察・海上保安庁ヘリ		
	先着	優先	混合	先着	優先	混合	先着	優先	混合	先着	優先	混合
滑走路(着陸)	5.4	2.6	2.6	5.4	4.5	4.5	5.4	8.4	9.6	5.4	11.3	9.6
人員輸送	0.3	0.3	0.3	0.3	0.3	0.3	0.3	0.3	0.3	0.3	0.3	0.3
救急搬送	3.4	3.0	3.0	3.4	4.2	4.2	3.4	4.6	4.5	3.4	4.7	4.5
救助活動	28.8	7.0	7.0	28.8	15.3	15.0	28.8	49.6	63.0	28.8	93.1	63.0
情報収集	1.8	1.6	1.6	1.8	1.7	1.7	1.8	1.7	1.9	1.8	1.9	1.9
物資輸送	4.3	3.3	3.3	4.3	3.9	3.9	4.3	5.0	4.9	4.3	5.5	4.9
給油	4.9	3.0	3.0	4.9	4.4	4.4	4.9	6.8	7.3	4.9	8.1	7.3
滑走路(離陸)	5.4	2.6	2.6	5.4	4.5	4.5	5.4	8.4	9.6	5.4	11.3	9.6

注 東日本大震災発災後の3日間、花巻空港が受け入れを断ったため、報道機は運航されなかった。

な検討が求められる。

(2) 3空港の結果と観測値との比較

本節では、花巻空港、山形空港、福島空港を対象に、サービス時間を含む待ち時間の平均値を推定し、東日本大震災発災後3日間の実績値と比較する。

実績値は第3章の図3-10に示されている駐機時間であり、航空機離着陸データから、各空港の着陸から離陸までの平均待ち時間を用いた。推定値は、滑走路に着陸後、各任務を実施し、任務後に給油し、滑走路を離陸するまでの合計値を、任務間の到着率の重み付き平均を用いて算出した。各空港における各任務のサービス率は原則的に同じとし、福島空港の給油容量のみ他2空港と比べて小さいため、他2空港の給油能力の60％とした。また、福島空港は報道機を集中的に受け入れたので、情報収集のサービス率は航空機1機あたり10分として算出した。航空機到着率と、滑走路から各任務への遷移確率は、航空機離着陸データを用いて空港別に設定した。

3空港における航空機待ち時間の推定値と実績値を表6-7に示す。まず、前節の花巻空港の分析と同様に、各任務から給油および給油せずに滑走路（離陸）へ向かう遷移確率をともに0.5として推定した。その結果、3月12日の福島空港を除き、推定値は最右列の実績値を大きく下回る結果となった。そこで、遷移確率の数値を、給油してから離陸する割合を0.6、0.7、0.8と徐々に高くするように設定して待ち時間を推定した。その結果、給油する航空機の割合を増やすほど、より実績値に近い値を得られた[3]。なかでも、福島空港の給油容量を小さくしたため、給油する割合を0.8まで増やすと推定値が実績値を大きく上回った。しかし、ほとんどのケースで推定値が実績値を下回った。その理由として、次の3つが考えられる。

1つめは、推定に用いた航空機の離着陸回数が実際よりも小さい可能性である。各運航事業者の遷移確率を導出する際、航空機離着陸データベースにおいて、データの欠落や不明データの存在が考えられる。2つめは、各任務のサー

表6-7 遷移確率別の航空機待ち時間推定値と実績値との比較（単位：分）

		推定値[注]				実績値
	遷移確率	(0.5, 0.5)	(0.6, 0.4)	(0.7, 0.3)	(0.8, 0.2)	
3月12日	花巻空港	52	55	58	64	76
	山形空港	32	33	34	36	58
	福島空港	170	—	—	—	93
3月13日	花巻空港	86	89	95	109	93
	山形空港	31	32	33	35	70
	福島空港	49	59	89	893	72
3月14日	花巻空港	40	41	43	46	72
	山形空港	29	30	31	32	77
	福島空港	44	51	66	114	59

注 括弧内は（各任務から給油して滑走路、各任務から給油せずに滑走路）の遷移確率を示している。

---

[3] 関係者へのインタビューによると、給油活動を別の空港で終えていたケースもあったことから実際の遷移確率は不明である。なお、福島空港の3月12日では、(0.6, 0.4)以降で稼働率が1.0を超えたため算出できなかった。

ビス率の設定値が、東日本大震災における実際のサービス率と異なる可能性である。情報収集のサービス率は、東日本大震災のインタビュー結果に基づいて設定したものの、他任務は先行研究や報告書を参考にしている。通常時と災害時のサービスの差は考慮していない。3つめは、災害時における空港運用の不確実性要因として、風、降水、気温、天候等の気候の影響が挙げられる。気候に応じて、通常時以上に航空機の処理に多くの負担がかかり、能力が低下していた可能性がある。

6-3 ま と め

大規模災害発災直後の緊急時に、空港では多くの任務を同時に実施することから、混雑により航空機の待ち時間が発生することがある。救急搬送、救助活動、情報収集等の任務を適切に処理し効率的に運用するため、本章では、待ち行列理論に基づく開放型ジャクソンネットワークモデルによる航空機待ち時間推定モデルを構築し、任務に応じて優先順位を与えた際の航空機待ち時間の変化を分析した。複数の航空機運航事業者を対象に、先着順、優先順、混合の3つの待ち行列ルールに対して待ち時間を推定した結果、優先順のとき、高い優先度を持つ事業者の待ち時間は先着順より減少するものの、優先度の低い事業者は先着順に比べて大幅に増加した。混合では、優先順と比較して運航事業者間の待ち時間の差が小さくなる結果を得た。

各空港の物理的な制約は災害時における効率的な空港運用を妨げる可能性があり、機能の追加には投資費用が必要となる。しかし、優先順位を設定した航空機離着陸の運用により、航空機待ち時間の短縮が可能であることを示した。緊急時の空港運用でも、滑走路に到着した順に対応する先着順が原則である。優先順の導入においては、地方自治体、空港管理者、航空管制官、医療チーム、自衛隊等の空港災害対応に関わる関係者間で事前に適切なルールを定め、そのルールに基づいた運用を可能とする計画を作成する必要がある。

本モデルでは考慮していない条件もあることから、推定値と実績値に差が生じた。モデル改善に向けて検討すべき点として、まず、ある任務を必ず遂行するなど異なる形状の開放型ジャクソンネットワークを適用し、空港内任務の変化を反映した分析が挙げられる。また、対象空港で待機しているヘリコプター

だけでなく、他の空港で待機しているヘリコプターの待ち時間、さらに上空で待機しているヘリコプターの待ち時間とのトレードオフを踏まえたモデル構築が考えられる。さらに、本モデルでは考慮していない費用についても考慮する余地がある。

【参考文献】
1) Kim, S. and Kim, S.: Differentiated waiting time management according to patient class in an emergency care center using an open Jackson network integrated with pooling and prioritizing, Annals of Operations Research, 230 (1), 35-55, 2015.
2) Jackson, J.R.: Jobshop-like queueing systems, Management Science, 10 (1), 131-142, 1963.
3) Landeghem, H.V., Beuselinck, A.: Reducing passenger boarding time in airplanes: A simulation based approach, European Journal of Operational Research, 142 (2), 294-308, 2002.
4) Cochran, J.K., Roche, K.T.: A multi-class queuing network analysis methodology for improving hospital emergency department performance, Computers and Operations Research, 36 (5), 1497-1512, 2008.
5) Burdzik, R., Cieśla, M. and Sładkowski, A.: Cargo loading and unloading efficiency analysis in multimodal transport, PROMET-Traffic & Transportation, 26 (4), 323-331, 2014.
6) Gary, A. How large aircraft fuel up. Petroleum Equipment & Technology Archive, Petrolplaza, 1997.
<http://www.petrolplaza.com/technology/articles/MiZlbiYxMDIxMyYmMSYyJjEwJg%3D%3D>.
7) 荒谷太郎、平田輝満、長田哲平、花岡伸也、轟朝幸、引頭雄一：東日本大震災時の航空機活動と空港運用の実態分析―いわて花巻・山形・福島空港を対象として―、土木学会論文集D3（土木計画学）、Vol.69, No.5, pp.229-246, 2013.
8) Choi, S. and Hanaoka, S.: Managing waiting time for different aircraft operators in immediate disaster response, 14th World Conference on Transport Research, Shanghai, 2016.

第 7 章　空港と場外離着陸場の連携方策シミュレーション
—高知県の南海トラフ巨大地震を想定して—

　巨大地震発災後、ヘリコプターによる効果的な救助救援活動を実施するには空港機能の維持が重要である。国土交通省航空局「空港の津波対策検討委員会」では、近隣空港との役割分担、場外離着陸場との連携、ヘリコプターの活動エリアの指定など、想定被災地域での空港運用について検討している。高知空港は、同委員会にて発災直後に空港機能を失う可能性がある空港のひとつとして指定されている。本章では、高知県を対象に南海トラフ巨大地震を想定し、高知空港の被災状況、救助ヘリの数、活動エリア分け、ヘリコプターの被災地域選択行動、場外離着陸場への給油施設の設置、についてさまざまな状況を想定した救援救助活動のシミュレーションを実施し、救助者人数の増加に資する方策について模索する。

7-1　南海トラフ巨大地震発災後の高知県の受援計画

(1)　高知県の被害想定

　高知県南海トラフ地震対策課では、南海トラフ巨大地震による最大津波高を 34 m、死者数を 42,000 人と試算している。高知県は土佐湾に面する海岸線が長く、広範囲で津波被害の発生が想定されている。そのため、効果的な救助活動のための救助ヘリの活動エリア分けや場外離着陸場の配置計画が求められている。

　高知県には、高知市から東に約 15 km の位置に高知龍馬空港（以下、高知空港）がある。高知県消防航空隊（以下、消防航空隊）では、南海トラフ巨大地震などの大規模災害時は高知空港の一部を活動拠点（ヘリ

図 7-1　高知空港の最大浸水深分布（想定例）

ベース）として位置づけている。しかし、高知空港の南端は土佐湾からわずか約200m内陸に位置しており、図7-1のように南海トラフ巨大地震発災に伴う津波被害が想定されている。そのため、高知空港の減災を目的として護岸整備やヘリパッドの嵩上げなどの対策が予定されている[1]。

(2) 緊急消防援助隊の編成

大規模災害発災後は、「緊急消防援助隊の出動計画」により、他自治体から緊急消防援助隊（緊援隊）が編成される体制が整っている。高知県が被災した際の緊援隊の編成を表7-1に示す。

緊援隊は第一次出動部隊と第二次出動部隊に大別される。前者は発災直後に被災自治体からの要請の有無に関わらず被災県に集結する応援部隊である。高知県が被災した場合、隣接する徳島県、愛媛県、香川県のほか、瀬戸内海を挟んで神戸市や広島市なども救助活動にあたる計画になっている。

後者は出動準備機とも呼ばれており、被災自治体からの要請を受け、消防庁の指示の下で出動する応援部隊である。高知県が被災した場合、東京都や大阪市などの大都市圏に加え、福岡市や熊本県など九州からも応援が来る計画となっている。

このように、南海トラフ巨大地震発災後の高知県では、救援活動にあたるヘリコプターの機数は、基本的には10機または23機となることが想定されている。特に被害が大きい場合は23機となるが、実際には近接県などの被害状況により緊援隊のヘリコプターの数は変動する可能性がある。

表7-1 高知県被災時の応援組織の編成

	第一次出動部隊 (10機)	第二次出動部隊 (13機)
応援自治体 (順序不同)	広島市 広島県 徳島県 愛媛県 兵庫県 神戸市 岡山県 岡山市 山口県 香川県	東京都 滋賀県 京都市 大阪市 和歌山県 鳥取県 島根県 北九州市 福岡市 大分県 熊本県 宮崎県 長崎市

---

[1] ヘリパッドの嵩上げなどは一部実施済である。

(3) 緊援隊の活動拠点

　救助活動にあたる緊援隊のヘリコプターは、離着陸、駐機、給油などの作業が可能な活動拠点を必要とする。第2章で述べたように、ヘリコプターの活動拠点は、ヘリベースとフォワードベースに大別される。

① ヘリベース

　ヘリコプターによる救助ミッションは日の出とともに開始され、日の入りとともに終了するのが基本である。ミッション終了後はヘリコプターの拠点となるヘリベースに帰還する。ヘリベースでは隊員の休息、機材の管理・点検、給油作業、夜間駐機などが行われる。ヘリベースには空港が指定されることが多く、東日本大震災では花巻空港、福島空港、山形空港がヘリベースとしての機能を果たした。高知県では高知空港がヘリベースとして指定されているものの、前述のとおり津波による浸水被害が想定されており、一部または全域が使用不可能となる可能性がある。

② フォワードベース

　救助ミッションの間、ヘリコプターはフォワードベースと呼ばれる場外離着陸場を活動拠点とする。フォワードベースでは、救助された被災者の降機、隊員の交代、また施設が整っていれば給油を行うこともある。実際のミッションでは、要救助者が治療を要する場合、治療設備が整った医療施設で降機させることもある。医療関係者と連絡を取り、中継点を設けて負傷者を受け渡すこともあり、状況に応じて降機場所は変わる。

　高知県により指定されている8か所のフォワードベースの位置図とそれらのスポット数[2]を図7-2に示す。救助活動にあたるヘリコプターの機数次第であるが、スポット数が少ない場合は待ち時間の発生確率が高くなり、結果的に救助者数が減少する可能性がある。フォワードベースのスポットに空きがない場合、飛来したヘリコプターは原則としてスポットが空くまでホバリングで上空待機する。

　給油は給油施設が整っているヘリベースで行うことが基本であるが、給油施設が整っているフォワードベースでは給油活動も実施される。東日本大震災で

---

[2] 高知県危機管理部：高知県航空部隊受援計画（仮称）2014年10月28日。

は、フォワードベースとして活用されていた仙台市内のグランディ・21で、ドラム缶を用いた給油作業が行われていた。

高知県危機管理委員会では、南海トラフ巨大地震を含む大規模災害発災後のヘリコプターによる救助活動を円滑にするため、高知県の東部と西部のそれぞれ1か所のフォワードベースに給油施設を設置することを検討して

図 7-2　緊援隊の活動拠点（括弧内はスポット数）
（出所：国土地理院地図に著者が加筆）

いる。現状として、フォワードベースは東部に5か所（室戸広域公園、安芸総合公園、高知大学医学部、高知県青少年センター、春野総合運動場）、西部に3か所（四万十緑林公園、土佐清水総合公園、宿毛市総合運動公園）ある。

燃料満載時のヘリコプターの航続時間は、平均的には約2時間である。仮に燃料補給が可能なヘリベースやフォワードベースが被災地から遠く離れている場合、給油のために多くの移動時間を要するため救助活動の機会を失いかねない。給油施設の設置箇所が多いほど救助活動の効率は上がるが、平常時における維持管理の負担という課題もある。

7-2　シミュレーションの設定

高知県では前節で述べた受援計画が存在する。救助人数に影響を与えると考えられる次の①〜⑤の条件を変化させて救援救助活動のシミュレーションを実施し、救助人数がどのように変動するか分析する。シミュレーションのシナリオ設定を表7-2に示す。

①　高知空港の被災状況

前節で述べたとおり、高知空港では津波による浸水に備えてヘリパッドの嵩上げを検討している。しかし、このような対策を講じても高知空港が浸水して利用不可能となった場合、隣接県の高松空港または松山空港を代替的にヘリコプターの拠点とすることが考えられる。高知県沿岸部の市町村から松山空港ま

たは高松空港まではヘリコプターで片道約30分を要するため、これにより救助機会を失い、結果として救助人数が減少することが懸念される。シミュレーションでは、高知空港が使用可能・不可能な場合を想定する。また、高知空港が使用可能である場合は、利用可能なヘリパッド数を変動させ、救助人数への影響を考察する。

② 救助ヘリの数

緊援隊の出動計画により、大規模災害発生時には他自治体の救助ヘリが応援する。第一次出動部隊のみの10機のケースと第一次・第二次出動部隊が出動した場合の23機のケースに分けてシミュレーションを行う。

③ ヘリコプターの活動エリア

高知県は土佐湾に面する海岸線が長いため、津波被害は広範囲に及ぶものと想定されている。高知県をエリア分けし、救助ヘリがミッションを実施するエリアをあらかじめ指定しておく考え方がある。ヘリコプターの活動エリアを各地域にエリア分けした場合、エリア分けしない場合よりもヘリコプターの移動距離が短縮され、救助人数が増える可能性がある。

表7-2 シミュレーションのシナリオ一覧

シナリオ	設定
① 高知空港の被災状況	・高知空港全域利用可能（23スポット） ・高知空港一部利用可能（同5） ・高知空港全域利用不可能（同0） ・高知空港全域利用不可能（同0）＋四国山地迂回 　高知空港に駐機できないヘリコプターは松山、高松空港の利用を想定。
② 救助ヘリの数	・第一次出動部隊（10機） ・第一次出動部隊（10機）と第二次出動部隊（13機）（計23機）
③ ヘリコプターの活動エリア	・エリア分けなし ・県内4分割（支部別） ・県内8分割（フォワードベース別）
④ ヘリコプターの被災地域選択行動	・救助時間最短地域優先行動 ・救助率最小地域優先行動
⑤ フォワードベースへの給油施設の設置	東西から1か所ずつ選定

7-2 シミュレーションの設定

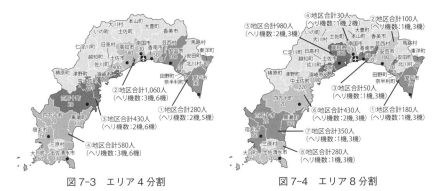

図 7-3　エリア 4 分割　　　　　図 7-4　エリア 8 分割

　高知県では「高知県災害時医療救護計画」にて高知県災害対策支部（県医療支部）を設置しており、市町村では対応が困難な広範囲での医療救護活動を実施する計画がある。県医療支部は、安芸支部（安芸市）、高知市支部（高知市丸ノ内）、中央東支部（香美市）、中央西支部（佐川町）、高幡支部（須崎市）、幡多支部（四万十町）の6つに分かれている。この県医療支部別にエリアを分割してヘリコプターの活動エリアを指定するのは一案と考えられる。ただし、高知市支部、中央東支部、中央西支部はエリア面積が小さく、互いに近接しているため「中央支部」としてエリア分けしてシミュレーションを実施する。このように、支部別にエリア分けを行うと、図7-3に示すように、安芸支部、中央支部、高幡支部、幡多支部の4エリアとなる。図内の各市町村に付いている数字はワーストケースの要救助者数を示している。

　一方で、高知県内には8か所のフォワードベースが設置されている。図7-4に示すように、フォワードベース別にエリアを指定した場合も想定してシミュレーションを実施する。

④　ヘリコプターの被災地域選択行動

　ヘリコプターの被災地域選択行動について2とおりの行動を想定する。1つ目は、「救助時間最短地域優先行動（以降、救助時間優先）」である。これは被災直後で被害の全体像を把握できないなか、ヘリコプターの近くにいる被災者から順に救助することを想定した考え方である。救助時間優先では、救助地域がヘリベースやフォワードベースに近い市町村に救助人数が偏る可能性があ

る。

　2つ目の被災地域選択行動として、県内全域に救助が行き渡るよう「救助率最小地域優先行動（以降、救助率優先）」を想定する。救助率優先の場合、各被災地に救助が行き渡る一方で、被災地まで距離が遠いとしても救助率が低ければ救助に向かう。そのため、救助時間優先の場合よりも県内の総救助人数は減少する可能性がある。

　⑤　フォワードベースへの給油施設の設置

　高知県では、東部と西部のフォワードベースにそれぞれ1か所の給油施設を設置することを検討している。そこで、東西のフォワードベースに1か所ずつ給油施設の機能を設置し、それらの全組合せの下でシミュレーションを実施して救助人数を算出する。

7-3　シミュレーションの実施と結果

　マルチエージェントシミュレーションモデルを用いてヘリコプターによる救助人数を算出する。マルチエージェントシミュレーションとは、各ヘリコプターがそのときの状況を考慮して被災地域と降機場所を選択する行動を想定したシミュレーションモデルである。ここでは、間島らにより開発されたシミュレータを参考にシミュレーションを実施した。

　表7-2に示したシナリオ①〜⑤の全48とおりの組合せの下でシミュレーションを実施した。高知空港全域利用可能、救助ヘリ10機、エリア8分割、救助時間優先、の組合せでの救助人数を1とした救助人数の算出結果を表7-3（全フォワードベースで給油可能の場合）と表7-4（全フォワードベースで給油不可能の場合）に示す[3]。これらの結果を総合すると、全フォワードベースで給油可能の場合の方が1.28倍救助人数が多くなる。また、救助人数が最大となるシナリオの組合せは、「全フォワードベースで給油可能」、「高知空港全域利用可能」、「救助ヘリ23機」、「エリア8分割」、「救助時間優先」の場合である。

3　高知空港のスポット数を連続的に変化させた場合の結果など、より詳細な分析結果は各シナリオの考察にて示す。

(1) 高知空港の被災状況に応じた救助人数

表7-3および表7-4より、高知空港が利用可能である場合、救助人数は比較的多くなることがわかる。人口（要救助者）が多い高知市に近い高知空港が給油場所や夜間駐機場として活用され、救助活動が効率化されたことが理由と考えられる。

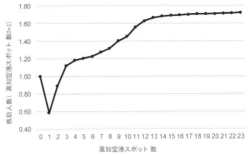

図7-5 高知空港の利用可能スポット数別救助人数

一方で、全フォワードベースで給油可能の場合、高知空港が「利用可能」と「利用不可能＋迂回時」の救助人数の差が小さくなる。これは、全フォワードベースで給油可能である場合、高知空港に飛来する積極的な理由が低下するためである。また、全フォワードベースで給油不可能かつ高知空港が全域利用不可能である場合、給油のために高松空港または松山空港まで移動する必要がある。松山空港と高知市間（約80 km）はヘリコプターで往復約48分であり、燃料満載時の航続可能時間（2時間）の約40％を給油のために費やすことになる。以上より、フォワードベースの給油施設がない現状においては、高知空港を利用可能な状態に保つことの重要性が高まる。

実際の災害では、高知空港のスポットがどの程度利用可能か不明である。そこで、高知空港の利用可能スポット数を1～23で変化させてシミュレーションを実施した。シミュレーションの結果を図7-5に示す。他の条件は全フォワードベースで給油不可能、救助ヘリ23機、エリア分けなし、救助時間優先とした。なお、高知空港利用不可能時（スポット数＝0）の救助人数を1として指数化している。

これより、高知空港の利用可能スポット数の増加により救助人数が増加することが分かる。一方で、高知空港で1または2スポットが利用可能である場合、むしろ高知空港全域利用不可能（0スポット）の場合よりも減少する。これは、高知空港のスポット数が少ないと、多くのヘリコプターが上空待機することになるためである。ただし、実際には、高知空港の利用可能スポット数が

表 7-3 シナリオ別救助人数の結果（全フォワードベースで給油可能の場合）

		高知空港全域利用可能		高知空港一部利用可能		高知空港全域利用不可能		高知空港全域利用不可能＋迂回	
		ヘリ10機	ヘリ23機	ヘリ10機	ヘリ23機	ヘリ10機	ヘリ23機	ヘリ10機	ヘリ23機
エリア8分割	救助時間優先	1	2.149	0.989	2.144	0.978	2.122	0.959	2.085
	救助率優先	0.950	2.022	0.946	2.015	0.924	2.033	0.910	2.013
エリア4分割	救助時間優先	1.002	2.066	0.996	2.030	0.987	1.978	0.974	1.961
	救助率優先	0.935	1.941	0.932	1.875	0.911	2.028	0.904	2.009
エリア分けなし	救助時間優先	1.026	2.002	1.009	1.985	1.006	1.902	0.963	1.884
	救助率優先	0.843	1.873	0.819	1.662	0.843	1.852	0.801	1.841

表 7-4 シナリオ別救助人数の結果（全フォワードベースで給油不可能の場合[注]）

		高知空港全域利用可能		高知空港一部利用可能		高知空港全域利用不可能		高知空港全域利用不可能＋迂回	
		ヘリ10機	ヘリ23機	ヘリ10機	ヘリ23機	ヘリ10機	ヘリ23機	ヘリ10機	ヘリ23機
エリア8分割	救助時間優先	1	2.061	0.976	1.960	0.903	1.825	0.844	1.723
	救助率優先	0.858	1.868	0.872	1.669	0.728	1.686	0.742	1.596
エリア4分割	救助時間優先	1.031	2.213	1.012	2.168	0.941	1.910	0.887	1.896
	救助率優先	0.934	2.104	0.924	1.825	0.842	1.910	0.790	1.806
エリア分けなし	救助時間優先	1.087	2.234	1.095	2.180	1.012	2.021	0.927	1.974
	救助率優先	0.948	2.154	0.939	2.083	0.856	1.967	0.811	1.863

注 フォワードベースで給油が不可能である場合、高知空港にて給油する。高知空港が利用不可能の場合、高松空港または松山空港にて給油する。

少ない場合はフォワードベースなどの場外施設で給油するなどの対応がとられるものと考えられる。また、ヘリコプター間で給油のタイミングを調整し、高知空港に飛来するタイミングをずらすなどの対応も考えられ、シミュレーションで観察された上空混雑は発生しない可能性もある。いずれにしても、高知空港の機能維持は救助人数を増加させる点で重要であり、津波からの減災対策が求められる。

(2) 活動エリア分け

次に、ヘリコプターの活動エリアを分割してシミュレーションを実施する。表7-3より、全フォワードベースで給油可能の場合、エリアを細分化するほど救助人数が増加することがわかる。ヘリコプターの活動エリアを狭く限定することで、フォワードベースと被災地間の移動時間が短縮されることが理由と考えられる。活動エリアの細分化は、特定のフォワードベースおよび被災地への飛来の集中を緩和する効果もある。反対に、ヘリコプターの活動エリアを広範囲に設定すると、フォワードベースと被災地間の移動時間が相対的に増大し、救助機会が減少する。また、活動ヘリ数が10機と少ない場合、活動エリアを細分化するほど救助人数が減少する傾向がある。これは、エリア分けを行わずとも上空待機のヘリコプターが少なく、混雑が発生しにくいことが理由である。

本シミュレーションでは、被災地域および給油場所への飛来タイミングをヘリコプター間で調整することができない設定になっている。実際には飛来のタイミングをヘリコプター間で調整することにより、混雑はシミュレーションよりも緩和する可能性もある。ただし、その場合はヘリコプター運用のマネジメントがより複雑になるため、管理体制の強化を図る必要がある。

(3) ヘリコプターの被災地域選択行動

ヘリコプターの被災地域選択行動については、表7-3および表7-4より、救助時間優先行動の方が救助人数が多くなることがわかる。救助時間優先の場合、救助者数は平均5.0%増加する。しかしながら、救助時間優先行動では被災地域間で救助人数に大きな差が生じる。救助時間優先で得られた市町村別救

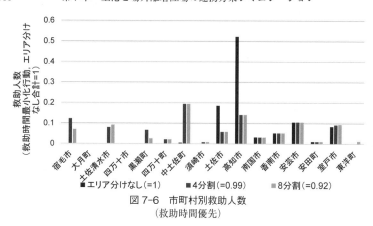

図 7-6 市町村別救助人数
(救助時間優先)

助者数の結果を図 7-6 に示す。なお、エリア分けなしの場合の合計救助者数を 1 と指数化している。他の条件は、高知空港全域利用可能、救助ヘリ 23 機、全フォワードベースで給油不可能としている。

エリア分けなしの場合、16 被災地域のうち 8 地域のみ救助実績が得られた。これらの 8 地域は、ヘリベースである高知空港（ミッション中はフォワードベースの役割）とフォワードベースに近い。それにより、ヘリコプターの移動時間が相対的に短くなり、救助人数が多くなったものと考えられる。特に救助人数が多いのは安芸総合公園、高知大学医学部、高知県青少年センター、春野総合運動場の 4 つのフォワードベースに近い高知市である。一方、ヘリベースおよびフォワードベースから遠距離に位置する土佐清水市、四万十市、宿毛市など西部の市町村では、救助時間優先行動ではヘリコプターがまったく飛来せず、救助人数が 0 人となった[4]。以上のように、エリア分けなしで救助時間優先行動を採用すると、市町村間で救助人数に大きな差が生じる。図 7-7 に救助率優先行動による市町村別救助者数を示す。この場合、市町村間の救助人数の差が小さくなるものの、全体としては救助人数がやや減少する結果となる。

---

[4] あくまでも機械的にシミュレーションを実施した結果であり、現実に特定の被災地域の救助者数がゼロになることは考えにくい。

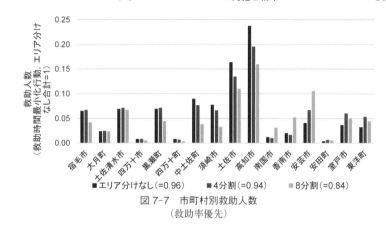

図 7-7 市町村別救助人数
（救助率優先）

(4) フォワードベースへの給油施設の設置

　高知県危機管理委員会では、東部と西部のフォワードベースにそれぞれ1か所の給油施設を設置することを議論・検討している。シミュレーションは東西のフォワードベースにそれぞれ1か所ずつ設置するすべての組合せで実施し、救助人数を算出した。図7-8に示す救助人数は、全フォワードベースで給油が不可能である場合の救助人数を1として指数化している。他の条件は、高知空港全域利用可能、救助ヘリ23機、エリア分けなし、救助時間優先である。

　東部については、高知大学医学部、県立青少年センター、県立春野総合運動公園のように、被災者数が比較的多い地域に近接するフォワードベースに給油施設を設置すると、救助人数が多くなる傾向が示された。反対に、周辺に被災者数が比較的少ない安芸市総合運動場に給油施設を設置すると、救助人数が少なくなる結果となった。

　西部についても同様の傾向がある。被災者数が比較的多い地域に近接している宿毛市総合運動公園と土佐清水運動公園に給油施設を設置することにより救助人数が増大し、四万十緑林公園の付近（四万十町）に設置すると救助被災者数は相対的に減少する結果となった。

　以上のように、被災者が多い地域に近接するフォワードベースに給油施設を設置すると救助人数が増加することがわかる。高知県ではフォワードベースを2か所に設置することを検討しているが、フォワードベースへの給油施設の設

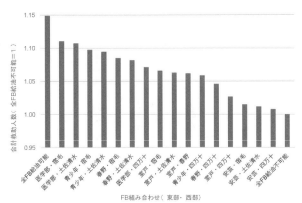

図7-8 東西のフォワードベースに給油施設を設置した場合の救助人数

置は救助人数を増大させることに大きく寄与する。そのため、可能であればすべてのフォワードベースに給油設備を設置することが望まれる。それができなくとも、発災後にタンクローリーなどを派遣する仕組みを作っておき、フォワードベースでの給油を可能にしておくことが多くの被災者を救助するうえで重要と考えられる。

7-3 まとめ

本章では、南海トラフ巨大地震発災直後の高知県を対象として、効果的な空港と場外離着陸場の連携方策をエージェントベースシミュレーションモデルにより模索した。救助人数が最大となる条件は、高知空港全域利用可能、救助ヘリ23機、エリア8分割、救助時間優先である。しかしながら、救助時間を優先して被災地域を選択すると、被災地域間での救助人数のバラツキが大きくなるなどの課題が残る。一方、救助率優先としてヘリコプターを運用すると、地域間での救助人数のバラツキは減少するものの、ヘリベースやフォワードベースから遠い被災地域にも飛来することとなり、全体として救助人数は減少する。また、活動エリアの分割方法も設定方法により地域間の救助人数に差が生じる原因となるため、ヘリコプターの運用方法については十分な議論・検討が求められる。

7-3 まとめ

フォワードベースなどで給油が不可能である場合、高知空港を利用可能な状態にしておくことが重要であることが示された。つまり、高知空港で実施されているヘリパッドの嵩上げなどの減災対策は救助人数を多くするうえで重要である。一方で、高知空港のヘリパッドの数が1、2か所と少ない場合、高知空港上空で待機するヘリコプターが増加し、高知空港利用不可能時よりもむしろ救助人数が減少する可能性がある。そのため、ヘリコプターが拠点とする（給油する）空港もしくはフォワードベースは、ヘリコプター別にあらかじめ定めておくなどのマネジメントが重要となる。

最後に、本章で示したシミュレーションの結果（救助人数）は、あくまでもヘリコプターの活動を簡便に想定して算出されたものであることに留意されたい。実際の救助活動では、今回想定した消防航空隊のヘリコプターのみならず、ドクターヘリや自衛隊ヘリなど多種多様な機関が同一地域にて活動することが想定される。そのため、そもそも救助人数は増加するものと考えられる。自衛隊の基地なども利用できる状況にある場合、混雑状況はむしろ改善される可能性もある。また、被災者の怪我の状態により救助要請者に優先度が付くこともあるが、今回の分析では考慮できていない。これらについては、今後の課題としたい。

【参考文献】
1) 国土交通省：高知空港における地震・津波に対応する避難計画・早期復旧計画（案）
   (http://www.mlit.go.jp/common/001113642.pdf)
2) 国土交通省航空局：空港の津波早期復旧対策の検討について、
   (http://www.mlit.go.jp/report/press/kouku09_hh_000036.html) 最終閲覧：2017年4月27日
3) 総務省消防庁：東南海・南海地震における緊急消防援助隊の運用方針の策定並びに東海地震及び首都直下地震における緊急消防援助隊運用方針の改訂について、(http://www.fdma.go.jp/ugoki/h1908/1907312_19.pdf) 最終閲覧：2015年2月12日
4) 荒谷太郎、平田輝満、長田哲平、花岡伸也、轟朝幸、引頭雄一：東日本大震災時の航空機活動と空港運用の実態分析―いわて花巻・山形・福島空港を対象として―、土木学会論文集D3（土木計画学）、Vol.69, No.5, pp.I_229-I_246, 2013.
5) 高知県南海トラフ地震対策課：高知県地域防災計画（地震及び津波災害対策編）、2014
   (http://www.pref.kochi.lg.jp/soshiki/010201/files/2014092400080/jisinoyobitunami.pdf)
6) 高知県：高知県災害時医療救護計画、2015
   (http://www.pref.kochi.lg.jp/soshiki/131301/files/2012032300261/2703keikakuhonbun.

pdf)
7) 高知県：高知県災害時医療救護計画、2015
　　(http://www.pref.kochi.lg.jp/soshiki/131301/files/2012032300261/2703keikakuhonbun.
　　pdf)
8) Takahiro MAJIMA, Daisuke WATANABE, Keiki TAKADAMA and Mitsujiro KATSUHARA, A Development of Transportation Simulator for Relief Supply in Disasters, SICE Journal of Control, Measurement, and System In-tegration, Vol.5, No.2, pp.131-135, March 2013.

第8章 空港の防災拠点化のための空間計画

　大規模災害に対応するため、防災拠点空港を事前に定め、必要となる施設等を空港内に適切に配置する必要がある。本章では、防災拠点空港が災害時に必要な施設のスペースおよびそれらの位置を割り当てる空間計画モデルを構築し、ベースキャンプとステージングエリアを対象に適切なレイアウトプランを提案する。また、富士山静岡空港（以下、静岡空港）を事例として具体的なレイアウトプランを示す。

8-1　防災拠点空港のレイアウトの必要性

　大規模災害に対応するため、災害対応機能を備えた「防災拠点空港」を事前に定める必要がある。防災拠点空港では、必要となる施設・設備・人材の適切な配置が重要となる。支援物資の保管・仕分け、救助活動、支援部隊や避難者の宿泊等、災害対応で必要な任務に合わせてスペースを確保し、効果的に配置することで、各任務を効率的に実施できる。災害時に利用可能な防災拠点空港であるためには、必要な施設のスペースを適切に割り当てる空間計画が求められる。そこで本章では、防災拠点空港が災害時に必要な施設のスペースおよびそれらの位置を割り当てる空間計画モデルを構築し、適切なレイアウトプランを提案する。これにより、空港運営者、人道支援機関、政府関係者、その他関連する関係者らの任務を、空港内で効果的に実施することを目指す。

　宿泊場所や倉庫など災害対応に必要な施設は恒久性を有すものではなく、一時的に設置するものである。よって、既存の空港内の設備・建物は物理的な影響を受けない。発災後の空港に必要な機能として、物資の荷役、被災者の応急処置、駐車などがある。ベースキャンプ、ステージングエリア、医療区域は防災拠点空港として必須の機能であり、そのスペースの確保が求められる。ベースキャンプは警察、軍隊、ボランティアなどの災害支援活動従事者を収容する場所であり、ステージングエリアは災害支援活動のため被災地近隣に一時的に設置される場所である。本章では、ベースキャンプとステージングエリアを対象として空間計画モデルを構築する。

8-2 災害時の空港運用の現状

災害対策拠点としての空港運用に関連する事例を表 8-1 に示す。

米国には緊急時における近隣空港との相互援助協定に基づいたガイドラインがあり、WESTDOG（Western Airports Disaster Operations Group）やSEADOG（Southeast Airports Disaster Operations Group）などの空港運用グループが存在する[1]。これらのグループは、近隣に位置する空港間で、災害の影響を受けた空港を互いに支援する。2004 年の設立以来、発災後 72 時間以内に求められる迅速かつ効果的な支援を数多く実施してきた。

パナマにある人道支援ロジスティクスハブは、国際赤十字赤新月社連盟（IFRC：International Federation of Red Cross and Red Crescent Societies）が始めた空港計画であり、ラテンアメリカ・カリブ海地域で、ハリケーンシーズ

表 8-1 災害対応と空港運用の実例

	場所	範囲	役割	特徴
SEADOG and WESTDOG	アメリカ	国内	・空港間の相互支援 ・災害・緊急事態の空港機能支援 ・空港機能の迅速な回復	空港間相互支援 他国も検討中
Regional Logistics Hub for Humanitarian Assistance	パナマ	国際	・人道支援ロジスティクス活動支援 ・ステージングエリア、倉庫 ・国際援助機関の協力促進	空港計画として人道支援ロジスティクスハブを設定
Get Airports Ready for Disaster (GARD) Program	インドネシア	国内	・空港の機能・能力の準備・確認 ・人道支援ロジスティクス活動支援 ・現地職員のトレーニング ・災害対応の協力体制構築	2009 年から DHL と UNDP により実施
中部圏広域防災ネットワーク整備計画	日本	国内	・人道支援ロジスティクス活動支援 ・災害支援活動従事者にベースキャンプ提供 ・ステージングエリア、倉庫 ・SCU の確保	静岡空港の災害対応拠点化

ン中に生じた災害に迅速に対応するために配置された[2]。人道支援ロジスティクスのハブとして空港が設定されており、空港内には倉庫、オープンスペース、ステージングエリア、エプロン、ヘリポートが設置されている。実際に、この場所でいくつかの国際人道機関が活動している[3]。

　DHLと国連開発計画（UNDP）は、緊急事態に備えるために、開発途上国の空港のトレーニングプログラムを開発した[4]。このプログラムは2009年から開始され、インドネシアのマカッサル空港とパル空港を対象にパイロットプログラムが実施されている。わが国では、国土交通省中部地方整備局によって「中部圏広域防災ネットワーク整備計画」が策定されており、広域災害対策活動の拠点として、県営名古屋空港と静岡空港が割り当てられている[5]。静岡空港においては、①県外および海外ボランティアの受け入れ機能として、情報提供、配置調整、宿泊機能を有するボランティアセンターの設置、②発災直後における緊急支援物資等の供給機能として航空機で搬送するため支援物資等の備蓄倉庫の設置、がそれぞれ検討されている。

8-3　防災拠点空港に必要な機能

　防災拠点空港に必須のベースキャンプとステージングエリアの機能について説明する。図8-1は、ベースキャンプに設置される機能（左側）とそれらの機能を有する施設（右側）を示している。施設には、管理室、事務室、宿泊、レクリエーション、クリニック、トイレ、ランドリー、ダイニング・キッチン、シャワーが含まれ、これらの施設が空間計画に基づきベースキャンプ内に割り当てられる。

　ステージングエリアは、通常被災地近隣に設置され、災害支援活動従事者の待機場所として、また設備や物資の一時的保管場所としての役割を持つ。米国では、連邦政府、州政府、郡・市政府が設置場所を決定する。候補地の選択には次の事項を検討する[7]。

① 安全な場所に必要な緊急資源（人員・物資・サービス）の特定
② サプライチェーン内で重要な都市の特定
③ 緊急資源へのアクセスに必要な最大応答時間および倉庫エリアへの最小距離の設定

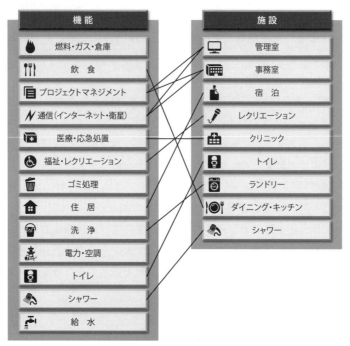

図 8-1 ベースキャンプの機能と施設
(出所：State of Florida (2009a)[6]に基づき筆者作成)

④ 緊急資源関連施設の位置と数の特定

ステージングエリアの選択基準として、災害対応オペレーションセンターの場所・アクセス、ヘリコプターへのアクセス、安全性とセキュリティ、撤去場所、駐車、機器、倉庫、ライフライン施設を考慮している。

図 8-2 にステージングエリアの機能と施設の関係を示す。ステージングエリアに必要な機能とそのために必要な施設を設置するものであり、フリースペース、屋外物資ハンドリング、事務室、トイレ・シャワー、ダイニング・キッチン、休憩室、倉庫、駐車場、宿泊施設がある。

災害時に、空港内には避難場所も必要である[1]。被災地から離れる予定の地域住民の避難場所として、一時的に空港に滞在する避難者が使用する。避難場

---

[1] 日本では空港利用者のみが避難場所として利用できる。ただし、高知空港のみ、地域住民も避難所として利用可能である。

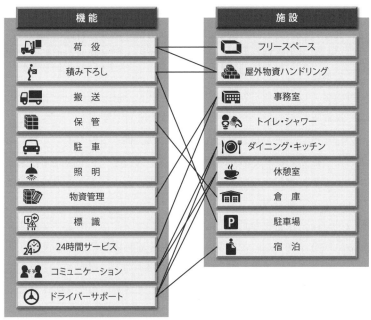

図 8-2　ステージングエリアの機能と施設
（出所：State of Florida（2009a）[6]に基づき筆者作成）

所を開設する詳細なガイドラインはないものの、空港を災害対応拠点として計画する際に考慮すべき要素である。

　医療区域は、発災後 72 時間以内の即時対応期間に必要である。この期間のヘリコプターによる任務では傷病者の救出が優先されており、被災地から近隣空港まで傷病者を輸送し、空港内で処置を施した後、近隣病院に再び輸送する。空港内では SCU（Staging Care Unit）等の臨時に治療等を実施する最低限の機能が定められ、そのスペースが割り当てられる。

8-4　分析方法

　本節では、防災拠点空港に必要な施設のレイアウトを定める方法を提案する。空間の施設配置を定めるプロセスに空間計画モデルを用いる。空間計画で要求される設計要素には、クライアントの目標や優先順位、組織構造とその関係、空間割り当てに用いる基準、セキュリティやプライバシーの問題などがあ

る[8]。空間計画の目的は、与えられた制約条件下で求められるレイアウトを提案することである。空間計画にはさまざまな方法があり、目標、制約条件、手順、結果の表示方法は異なるものの、クライアントに計画案を提供するプロセスは共通である。

空間計画モデルは、図8-3に示すように、設計計画から概要設計へと続くプロセスで構成される。設計計画では、利用者の要件を定義し、各機能と対応する施設の割り当てに関する情報を収集する。防災拠点空港の場合、おもな利用者は災害支援活動従事者であり、図8-1のベースキャンプや図8-2のステージングエリアでそれぞれ示したような機能と施設、およびそれらの対応関係に関する情報収集を実施する。

概要設計では、各施設の面積を推定し、隣接マトリクス図とバブル図を用いて概要設計図を作成する。各施設の近接要件を定める手法が隣接マトリクス図であり、施設のスペース割り当てプロセスで用いる手法がバブル図である。防災拠点空港においては、図8-1と図8-2で示した各施設の近接要件とスペース割り当てを実施する際にこれらの手法を用いる。

建築計画で用いる概要設計図は、各施設の機能と出現パターンの関係、形状間の空間関係の認識に有益であり、予備計画段階では抽象的に空間の境界を表す[9]。ベースキャンプやステージングエリアは防災拠点空港に一時的に設置されることから、レイアウトの提案には抽象的な様式を用いる概要設計図が適しているのである。

(1) 設 計 計 画

計画者は最初に空間計画の目的を設定する必要がある。どのような計画でも共通する目標は、機能間の距離を最小化し、費用とデッドスペースを最小限に抑え、運用効率を最大化することである[10,11]。計画者が定義した複数の

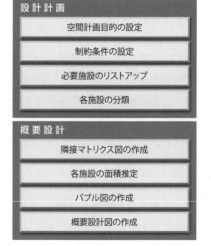

図8-3　空間計画モデルのプロセス

基準を用いて、定性的または定量的な目標を設定する[12]。防災拠点空港の空間計画の目的は、災害支援活動従事者の活動と支援物資のスペースに必要な面積を最大化することである。

次に空間計画の制約条件を特定する。この段階で、計画者は設計プロセスに必要な条件、たとえば災害支援活動従事者の総数等を定める。その次に、必要な施設をリストアップする。過去の災害や政府・人道支援団体の経験に基づき、必要な施設の情報を事前に収集しておく。最後に、各施設の活動を分類することにより、施設内固有の活動内容や施設間の活動の類似性を見つけておく。

(2) 隣接マトリクス図作成と施設面積推定

隣接マトリクス図[13]は、建物内の施設間の関係を見るために使用されている。クライアントと設計者の要請に基づいて各施設の近接要件を定め、隣接マトリクス図を設定する。隣接マトリクス図は二次元のグリッドで構成されており、施設は左側の列に記載され、右側には隣接関係について、「非常に重要」、「重要」、「重要ではない」の3段階でマークをする。この3段階評価は、「必須」、「望ましい」、「不要」としても分類できる。本章では、フロリダ州のベースキャンプ設計に使用している方法[6]を参考に、「隣接すべき」と「隣接を推奨」の2段階評価とする。「隣接すべき」は施設が互いに隣接することを必要条件とし、「隣接を推奨」は隣接が望ましいものとする。

ベースキャンプの面積推定には内閣府防災担当[14]の方法を参照する。災害後の活動に必要とされる支援活動従事者総数とそのために必要な面積を推定する方法を提案しており、支援活動従事者1人あたり必要な単位面積を、30〜50 m^2 と設定している。各施設に必要な割り当て率は、フロリダ州のベースキャンプ設計計画[15]に基づいて推定する。

ステージングエリアの面積推定も内閣府防災担当[14]の方法を参照する。即時対応段階におけるステージングエリアの機能として、被災者支援のため7日分の物資を用意することを想定する。ステージングエリアの面積は、これらの支援物資の重量をスケール係数を用いて面積に変換して算出する。また、パナマにある人道支援ロジスティクスのハブでは、ステージングエリアの総面積は、

倉庫、支援活動従事者へのサポートエリア、荷役用オープンエリアの3要素で構成されており[16]、この3要素をステージングエリアに必要な機能とする。

(3) バブル図の作成

次に、Ruch（1978）[17]の考案したバブル図を用いて、ベースキャンプとステージングエリアのレイアウトを提案する。バブル図は、建築分野においてスペース割り当てプロセスで用いる手法であり、フロアプラン（間取り図の設計）のレイアウト検討に使用されている[18]。建物内におけるさまざまな活動に対して、必要なスペースの大きさ、隣接関係、形状の関係などを検討する。バブル図は隣接マトリクス図を図形で表現したものであり、各施設は円形で表示され、施設間の関係は線で描かれる。各施設の正確な位置と形状を示す前に、粗い空間形状を作成できるのが利点である[19]。

図8-4はフロアプラン計画前の概要設計プロセスを示している。概略設計図の作成段階でスペースと位置を割り当て、各施設のスペースとその関係が理解できるようになる。バブル図は設計変更が容易であり、隣接する施設間の関係の再検討にも活用できる[20]。

(4) 概要設計図の作成

バブル図内の円は長方形に変換する必要があり、面積推定で用いた数値を施設の大きさの設定に使用し、各施設の互いの数値の公約数を用いて長方形に変換する。概要設計図を自動作成するプログラムもあり、スペース割り当てアルゴリズムとして、設計者の経験に基づき、制約条件や要件を考慮したものが開

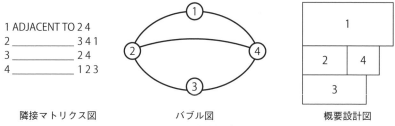

図8-4　概要設計のプロセス
（出所：Ruch（1978）に基づき筆者作成）

発されている[10]。制約条件や要件には、クライアントの要請、形状制約、予算制約、構造的要件などがある[8,10]。最大の制約は、空港内で災害対応拠点として利用可能な土地のスペースであり、利用可能なスペースがわかれば、さまざまな制約を考慮しつつバブル図から概要設計図を導出できる。各施設の総面積が、利用可能なスペースを超えない最大の大きさのとき、反復計算を終了する。

　計画者は、概要設計図を作成後、状況に応じて図案を修正する。空間計画は創作活動でもあるため、直感的な理解を用いることも自然である[21]。最終的に適切なレイアウトを提案するために、計画者、空港運営者、政府関係者、その他の関係者との継続的な議論が重要である。

8-5　ケーススタディ

(1) 日本における災害管理ネットワークと空港

　日本は自然災害の多い国であり、過去の災害を教訓として災害管理計画が綿密に立てられている。中部圏地震防災基本戦略は、東日本大震災後に策定されたものである[5]。同戦略では、広域防災拠点として、公共施設、県庁、空港、港湾を割り当てており、現状のインフラを活用した災害管理ネットワークが考案されている。高次支援機能を有する広域防災拠点は、以下の要件により配置されている。

① 大規模な地震災害等による地震動、液状化、津波、高潮による被害等、甚大な被害の危険性の低い土地にあること。
② 甚大な被害が発生する可能性が高く、混乱が予想される政令指定都市等の稠密な市街地を避けつつ被災地域への円滑かつ迅速な到達対応が可能となるよう、市街地の周縁部に配置すること。
③ 他の広域防災拠点とのネットワークを構築する際に中核的な位置にあること。
④ 全国各方面から被災地域へのアクセスを確保するため、インターチェンジ、港湾、空港等の交通の結節点付近に配置し、これらの輸送基盤を最大限活用できること。
⑤ 緊急支援物資、広域支援部隊の活動スペースが十分に確保できること。

⑥ 司令塔と一体となって円滑かつ迅速な活動が行えるよう情報共有設備を配備可能であること。
⑦ 広域支援部隊の活動を支援するための燃料・食糧等の備蓄を行うことができること。

中部圏では、県営名古屋空港と静岡空港が基幹的広域防災拠点空港として指定されている。国土交通省中部地方整備局[5]の災害シナリオによると、中部圏は地震や津波などの複数の自然災害に直面する可能性が高く、中部圏東部に位置する静岡空港は、防災拠点空港として非常に重要な位置づけにある。静岡空港の現在の計画では、災害時の対応として空港内の土地利用計画図は存在するものの、災害対応拠点として空間計画を具体的に定める手順はまとめられていない。

そこで、静岡空港を対象に、前節で提案した空間計画モデルを用いてベースキャンプとステージングエリアの各施設のスペースと位置を割り当て、適切なレイアウトを提案する。静岡空港で、災害拠点として利用できる空地の大きさは約16ヘクタールである。このスペースと想定した被災人口から、静岡空港が分担するべき最大被覆率を用いて、被災地の支援活動従事者総数を算出する。

以下、ベースキャンプおよびステージングエリア内の各施設の推定面積の計算過程および結果は省略し、レイアウトとして、隣接マトリクス図、バブル図の結果、さらにそれらから得られた概要設計図を示す。各施設の面積推定方法および計算結果については、Choi and Hanaoka (2017)[22]を参照されたい。

(2) ベースキャンプのレイアウト

ベースキャンプのレイアウトで、たとえばトイレとシャワーの隣接関係は、水インフラを共有していることから近接することが望ましい。図8-5はそうした各施設の隣接関係を示したマトリクス図の結果である。次に、各施設の隣接関係および相対的なスペースの大きさを調整済みのバブル図を図8-6に示す。バブル図から、宿泊の1とダイニング・キッチンの8が、ベースキャンプの総面積の大部分を構成していることがわかる。

図8-7は、提案した手法を用いてベースキャンプの概要設計図作成プロセス

8-5 ケーススタディ

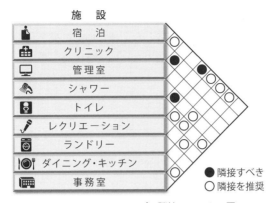

図 8-5 ベースキャンプの隣接マトリクス図

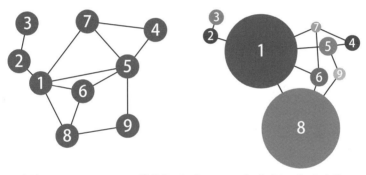

1：宿泊、2：クリニック、3：管理室、4：シャワー、5：トイレ、6：レクリエーション、7：ランドリー、8：ダイニング・キッチン、9：事務室

図 8-6 ベースキャンプのバブル図

バブル図 ⟶ 長方形構成 ⟶ 概要設計図

図 8-7 ベースキャンプの概要設計図作成プロセス

を示したものである。まず、バブル図の円を長方形に変換し、模式的な平面として表現する。この平面図は推定された面積に応じて描かれており、反復計算によって位置が決定される。各施設のスペースを定める際に、バブル図の円は縦および横の長さの公約数であることを用いて長方形に転換している。次に、各施設の形状を勘案し、すべてをつなげることによって概要設計図を完成させる。

(3) ステージングエリアのレイアウト

図8-8にステージングエリアの隣接マトリクス図の結果を示す。すべての施設が、他の何らかの施設と互いに「隣接すべき」か、「隣接を推奨」と示されている。これは、基本的な建築計画の考え方を参照したためである。図8-9は、ステージングエリアの各施設のスペースと位置について、バブル図で示したものである。オープンエリアである7、8、9は、支援物資の円滑な流れを助けるために互いに近く割り当てられている。フリースペースと駐車場の隣接は、緊急時の予期せぬ事態への迅速な対応のためである。駐車場の面積が最も大きいのは、支援物資に用いる車両や物資のスペースが重要なことを反映している。図8-10に、ベースキャンプと同様に、ステージングエリアの概要設計図作成プロセスを示す。

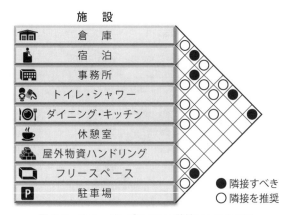

図8-8　ステージングエリアの隣接マトリクス図

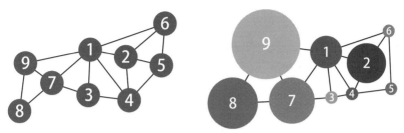

1：倉庫、2：宿泊、3：事務室、4：トイレ・シャワー、5：ダイニング・キッチン、6：休憩室、7：屋外物資ハンドリング、8：フリースペース、9：駐車場

図 8-9　ステージングエリアのバブル図

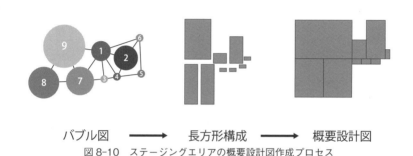

バブル図　⟶　長方形構成　⟶　概要設計図

図 8-10　ステージングエリアの概要設計図作成プロセス

(4) レイアウトプラン

　図 8-11 に、静岡県が公表している空港西側土地利用活用図を示す。静岡空港の総面積が約 500 ヘクタールのところ、「大規模な広域防災拠点構想エリア」として、利用可能な空きスペースが、横 580 メートル、縦 280 メートルの長方形で約 16 ヘクタールが確保されている[23]。そこで、この用地に、図 8-7 で示したベースキャンプの概要設計図と図 8-10 で示したステージングエリアの概要設計図を元にした、災害拠点エリアのレイアウトプランを図 8-12 に示す。

　提案したレイアウトプランの実現可能性を検討するため、2013 年 12 月に静岡県の職員にインタビューを実施し、次のような意見を受けた。第一に、災害対策基本計画における空間計画は厳密なものでなく、柔軟な計画として扱われるべきである。地震などの自然災害は不確実性が高いため、恒久的な構造物で空間を分割するのではなく、テントのような一時的な構造物を用いる必要がある。第二に、用意する施設の優先順位は、空港の容量や災害の規模に大きく依

第 8 章　空港の防災拠点化のための空間計画

図 8-11　静岡空港西側土地利用活用図
（出所：静岡県文化・観光部空港振興局空港運営課地域連携班より一部抜粋）

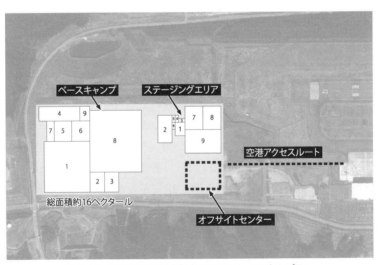

図 8-12　静岡空港の災害拠点エリアのレイアウトプラン

存する。しかし、静岡空港西部にある約16ヘクタールの土地は災害拠点として十分な大きさであることから、提案されたレイアウトプランは適用可能であ

る。

　このように、静岡空港では空間計画モデルが適用可能である。日本にはこのような大きな空きスペースを持つ空港はほとんどないものの、災害の状況に応じて必要性の高い施設に優先順位を付けることにより、スペースに余裕のない他の空港でもコンパクトなレイアウトプランを提案できる。

8-6　ま　と　め

　本章では、防災拠点空港のための空間計画モデルを構築した。建築計画の考え方を応用した空間計画モデルによって、ベースキャンプとステージングエリアのレイアウトプランとして、災害時に必要な施設のスペースと位置を概要設計図を用いて示すことができた。本章の手法により、災害時における施設のレイアウトプランの意思決定プロセスを支援できる。

　ただし、空港を災害対応拠点として利用する際には、道路状況やライフライン等の被災状況を考慮したうえで役割を定める必要がある。また、法的な問題や空港内および周辺設備との技術的な制約も事前に検討しておくべきである。

【参考文献】
1) TRB (2012), "Airport-to-airport mutual aid programs", Airport Cooperative Research Program Report 73, Transportation Research Board.
2) Martinez, A.J.P., Stapleton, O. and Wassenhove, L. N. V. (2010), "Using OR to support humanitarian operations: Learning from the Haiti Earthquake", Working Paper, INSEAD (Institut Européen d'Administration des Affaires).
3) UNOPS (2012), Regional Logistics Hub for Humanitarian Assistance in Panama, A Design Brief, Revision 2, United Nations Office for Project Services.
4) Deutsche Post DHL (2010), Disaster Relief Needs Efficiency: The GARD Program from DHL and UNDP, DHL and United Nations Development Programme.
5) 国土交通省中部地方整備局：中部圏広域防災ネットワーク整備計画（第2次案）、中部圏広域防災拠点ワーキンググループ、2014.
6) State of Florida (2009a), State Comprehensive Emergency Management Unified Logistics Section, Base Plan: Annex 2355, Division of Emergency Management Logistics Section.
7) Kapucu, N., Lawther, W. and Pattison, S. (2007), "Logistics and staging areas in managing disasters and emergencies", Journal of Homeland Security and Emergency Management, 4 (2), 1-17.

8) Addi, G. and Lytle J. (2000), "Space planning", Excerpt from The Architect's Handbook of Professional Practice, 13th edition, The American Institute of Architects.
9) Do, E. Y. -L., Gross, M. D., Neiman, B. and Zimring, C. (2000), "Intentions in and relations among design drawings", Design Studies, 21 (5), 483-503.
10) Liggett S. R. and Mitchell J. W. (1981), "Optimal space planning in practice", Computer-Aided Design, 13 (5), 277-288.
11) Shekhawat, K. (2015) "Automated space allocation using mathematical techniques", Ain Shams Engineering Journal, 6 (3), 795-802.
12) Rio-Cidoncha, M. G. D., Iglesias, J. E. and Martinez-Palacios, J. (2007), "A comparison of floorplan design strategies in architecture and engineering", Automation in Construction, 16 (5), 559-568.
13) White T. E. (1986), Space Adjacency Analysis: Diagramming Information for Architectural Design, Architectural Media, Tucson, AZ.
14) 内閣府防災担当：ケーススタディの実施方法等（案）、2003.
15) State of Florida (2009b), State of Florida: State Unified Logistics Plan, Division of Emergency Management Logistics Section.
16) UNHRD (2008), Standard Operating Procedures, United Nations Humanitarian Response Depot.
17) Ruch, J. (1978), "Interactive space layout: a graph theoretical approach", in Proceedings of the 15th Conference on Design Automation, 152-157.
18) Lin, C. -J. (2005), "Space layout game: An interactive game for space layout for teaching and representing design knowledge", in CAADRIA 2005 in New Delhi, Vol.1, 130-141.
19) Glover, F. McMillan, C. and Novick, B. (1985), "Interactive decision software and computer graphics for architectural and space planning", Annals of Operations Research, 5 (3), 557-573.
20) Do, E. Y. -L. and Gross, M. D. (2001), "Thinking with diagrams in architectural design", Artificial Intelligence Review, 15 (1-2), 135-149.
21) Zawidzki, M., Tateyama, K. and Nishikawa, I. (2011), "The constraints satisfaction problem approach in the design of an architectural functional layout", Engineering Optimization, 43 (9), 943-966.
22) Choi, S. and Hanaoka, S. (2017) Diagramming development for a base camp and staging area in a humanitarian logistics base airport, Journal of Humanitarian Logistics and Supply Chain Management, 7 (2), 152-171.
23) 静岡県文化・観光部空港振興局空港運営課地域連携班：富士山静岡空港西側県有地の土地利用情報、2016（http://www.mtfuji-shizuokaairport.jp/information/nishigawa/）

第3編　提　言　編

第9章　災害時の空港運用の向上にむけて

　大規模災害時に航空機の果たす役割は、被害状況に関する情報収集、捜索、負傷者の救助、救急搬送、消火活動、人員輸送、物資輸送など多岐にわたる。航空機の運航主体には、消防・防災ヘリ、警察ヘリ、ドクターヘリ、海上保安庁、自衛隊、国土交通省等があり、全国各地から飛来する。これらの航空機の活動拠点となるのが空港である。

　災害時に航空機活動のベースとなる空港は、災害発生初期に多様な主体によって活用され、さまざまな役割を担っている。本章では、東日本大震災時において花巻空港、山形空港、福島空港の活動がもたらした教訓をまとめた後、南海トラフ巨大地震に対応した各空港の準備状況をレビューすることによって、航空機の効率的な運用のために空港をどのように運用するべきか、そのあり方について提言する。

9-1　東日本大震災から得られた教訓

(1)　花巻空港

　2008年に起こった岩手宮城内陸地震の際、発災後3日間に航空機が集中したために駐機場が不足し、燃料給油でも混乱が発生した。これを教訓として、岩手県では2008年よりヘリコプター運用調整会議がスタートし、2010年1月に「岩手県ヘリコプター運用調整班活動計画」が策定された。さらに、毎年9月には県による防災訓練が行われ、2010年には花巻空港でSCU（Staging Care Unit）の開設訓練を実施していた。その後、東日本大震災直前の2011年1月には、関係主体間で共通の連絡用周波数を使用することなど、災害時における航空機運用のルールが定められた。

　こうした過去の経験からの教訓を生かした結果、東日本大震災直後には1日100機以上の航空機が集中したにもかかわらず、花巻空港で大きな混乱は起きなかった。さらに、2009年から新ターミナルのオープンに合わせて新エプロンが供用開始されていたこと、整備は完了していたが未供用だった平行誘導路と旧エプロンとを合わせて駐機能力が大幅に拡大していたことも、混乱を避け

られた大きな要因であった。震災直後から、ヘリコプター運用調整会議で申し合わせたルールにより、航空機離着陸、スポットアサインメント、燃料給油の一連の作業がスムーズに処理された。特に燃料給油については、事前協議の結果として、通常定期便のみに給油している給油業者と定期便以外の航空機に給油している業者との間で、大規模災害時には互いに給油支援を受ける協定がすでに結ばれていた。この結果、定期便の運航が震災後4日間休止されたことも加わり、ヘリコプターの離発着活動が多かった発災後3日間における燃料給油がスムーズに処理できた。また、救援活動に直接かかわらない民間航空機の離発着を発災初期に断ったことも、円滑な航空機運用に寄与した一因と考えられる。

その他、岩手県防災航空隊には岩手宮城内陸地震の経験者が4名いたこと、また、震災当日からOB隊員2名、翌日から秋田県防災航空隊4名がヘリコプター運航に関わる地上支援業務に携わった。このように、ヘリコプター運用の知識を持った専門家の応援が、素早い初動体制を整えるのに非常に大きな支援となった。

ただし、救援活動に直接関わらなくとも、重要な任務を行っている報道機などの航空機まで断るべきかどうか議論の余地がある。予備駐機場を事前に決めておくなど、柔軟な運用による臨機応変な対応が求められる。

(2) **山形空港**

山形空港は、花巻空港と福島空港が備えている平行誘導路が無く、両空港と比較すると一回り小さな空港である。震災時には積雪もあったため、福島空港のようにグラスエリアにヘリコプターを駐機することもできなかった。既存のエプロンにヘリコプター10機分のスポットを確保したものの、消防庁からの依頼による他都道府県からの救援機だけで一杯になったため、マスコミ、NPO等の一般民間機の利用を断らざるを得なかった。しかし、そのことによって発災初期に数多くの消防、防災関連の救援機を受け入れることができた。また、山形空港では仙台空港における「トモダチ作戦」に従事した多くの米軍機が利用した。これは仙台空港に最も近い空港であったこと、陸上自衛隊第6飛行隊の基地があったことが大きな理由のひとつと考えられる。

北海道・東北 8 道県の相互応援協定より、宮城県が被災した際には山形県が幹事県として救援することが定められており、これを受けて山形空港が被災者の脱出ゲートとして機能するように積極的な対策が講じられた。定期路線を有する日本航空は震災翌日から臨時便運航を開始し、平時に定期運航のない全日空も臨時便を運航したことから、山形県はこれらの臨時便利用客のアクセスの利便性向上に力を入れ、通常時には運行されていない山形空港と仙台駅とを結ぶ直行バスを運行した。また、飛行機に乗れず空港に留まる被災者に一刻も早く山形から避難してもらうため、山形空港から東京、大阪方面への夜行ツアーバスも運行した。さらに、鉄道の利用も含めて、すべての交通機関情報を 1 枚の図にまとめた脱出ルートマップ[1]を作成し、避難しようとしている被災者に配布した。加えて、被災地支援者が山形空港に到着した際、すぐに現地入りできるようにバスの手配も行った。このように、空港に来た被災者に、航空だけでなくすべての交通機関の情報を一元的に提供し、空港発夜行ツアーバスを出したことなどにより、空港を起点にして被災者および支援者のスムーズな移動を実現できたことは大きな教訓である。

(3) 福島空港

福島空港には、花巻空港、山形空港で利用を断られた報道を主体とする民間航空機が数多く飛来し、震災翌日の 3 月 12 日に着陸した航空機の約 4 割がこのような民間機で占められた。こうした発災直後の混雑については、前年の 2010 年 11 月に福島空港で開催された総務省消防庁主催の「緊急消防援助隊北海道東北ブロック合同訓練」の成果が生かされ、スキッド式ヘリコプターは、平行誘導路の利用に加えてグラスエリアを活用することでスポット不足を解決できた。なお、この合同訓練の開催は各道県持ち回りで行われており、2010 年の福島空港での開催は偶然とのことであった。この合同訓練では、緊急時におけるヘリコプターの離発着訓練を行っており、グラスエリアの利用を想定して耐荷重や勾配・段差の確認を行い、安全な運航を実現した。しかし、花巻空港とは異なり、空港管理者と運航者の間で大規模災害時における運用協定がな

---

[1] 山形県から他県への移動手段のルート、時間等をまとめた案内図（78 ページ参照）

く、燃料給油は民間業者1社のみが対応していたため、給油を1時間近く待つケースも発生した。また、航空機の運用調整組織もないことから、複数の組織が重複して同じ活動を同じ地域で行っているという問題点が浮きぼりとなった。

　一般に、地方自治体が管理する空港では職員の異動により、長年にわたって空港管理のみに従事するケースは少なく、同じ土木分野の専門家ということで道路整備に従事していた職員が異動によって空港管理を担当することも普通である。このように、国と違って県組織では、空港管理のみを担当する専門家を養成することは容易ではない。その一方で、国の場合は空港管理の専門職員が、異動によって全国各地の空港を順次担当しており、こうした職員がエキスパートとして空港管理を担っている。実際、国土交通省東京航空局福島空港出張所の職員のなかに、偶然、中越地震と宮城県沖地震の経験者がいたため、災害直後の対応をスムーズに進めることができた。空港の防災機能を維持するうえで、このような空港運営経験者の関与が非常に重要であることを示している。

9-2　南海トラフ巨大地震に対する空港の備えの状況

(1)　応急対策活動計画

　政府では、内閣府において南海トラフ巨大地震を想定し、2015年3月に「応急対策活動計画」をとりまとめた。この計画は被害が中部、近畿、四国、九州と大規模にわたることから、被害の全容の把握を待つことなく具体的な行動計画に基づく災害応急対策をただちに開始し、応急対策活動を円滑かつ迅速に実施することを目的としている。そして、重大な被害を受けると想定される10県に対して残る37県から迅速に人的・物的資源を重点的かつ迅速に投入することとしている。

　対策の内容としては、「緊急輸送ルートの確保」、「救助・救急・消火活動」、「医療活動」、「物資調達」、「燃料供給確保」の各活動について、具体的な行動計画指針が示されている。そして、これらの拠点となる大規模な広域防災拠点として、静岡空港、県営名古屋飛行場、熊本空港、名古屋港、大分スポーツ公園が指定され、空港が重要な防災拠点として認知された。

9-2 南海トラフ巨大地震に対する空港の備えの状況

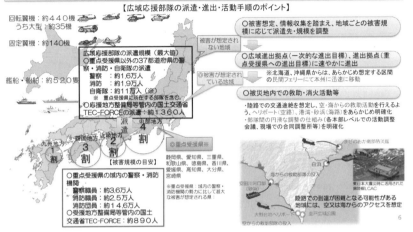

図9-1 南海トラフ地震における救助・消火活動に関する計画の概要
(出所：内閣府資料)

「救助・消火活動」においては受援対象となる10県に対して、受援県以外の37都道府県からヘリコプター約480機（大型機約35機を含む）、飛行機約140機、艦船・船舶約470隻が向かうことを想定している。派遣される人員は警察1.6万人、消防1.7万人、自衛隊11万人が想定されている。

(2) 静岡空港

静岡空港は、南海トラフ巨大地震が発生した際の基幹的広域防災拠点としての整備が予定されている。しかしながら、現状では課題があることも確認できた。25名いる空港管理職員が、アクセス道路の被害を受けた場合に参集できるのか、また、空港が2009年開港と歴史が浅いため空港経験者のOBが少なく、空港経験者の応援の確保について課題がある。

現状では、飛行機の利用が多く、多数のヘリコプターが集中して飛来した際の対応について検討し、訓練を重ねなければならないなど運用上の課題も確認された。

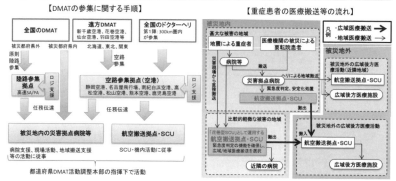

図9-2　南海トラフ地震における医療活動に関する計画の概要
(出所：内閣府資料)

　また、空港運用においては、静岡空港は災害時に報道機を受け入れない予定となっている。しかしながら、東京と名古屋の中間に位置しているため給油に立ち寄る報道機等の民間機もあると思われるが、これらに対して備蓄燃料を使うべきかという議論がある。
　これらの課題に対応すべく、対応策について検討を重ねている。

(3)　高知空港

　南海トラフ巨大地震は、一旦発生すれば甚大な被害をもたらす最大クラスの地震であり、L2レベル[2]の津波が発生することが想定されている。このため、高知県では海岸近くに位置する高知空港は、計画上では救命や物流の拠点として位置づけられていない。この地では総合防災拠点として空港ではなく高知県庁を活用することが想定されており、自家発電機の配備や避難者に備えた備蓄等が進められている。総合防災拠点においてはヘリコプターの利用を想定して

---

[2] 発生確率は低いが、発生すれば甚大な被害をもたらす恐れがあり、あらゆる可能性を考慮したマグニチュード9程度の巨大地震・津波。

検討が進められており、ヘリコプターなどに対する情報提供（離着陸ルート・誘導など）や意思決定体制、人員配置などを細かく検討していることが確認できた。

しかしながら、総合防災拠点自体も浸水被害が想定されることから、そこまでのアクセス道路をどのように啓開していくかなどが課題となっている。

以上のように、南海トラフ巨大地震への対応はまだ計画途上であるが、その対応策については継続的に検討が加えられている。

9-3　災害時に求められる空港の課題と提言

大規模災害発生時には、発災直後は道路、鉄道といった陸路が各地で分断されることが多い。そのため、空港、ヘリポート、場外離着陸場等の限られたスペースで離着陸でき、加えて高速移動によって迅速に対応できるヘリコプターが災害初期に非常に大きな役割を果たす。東日本大震災においても、捜索、情報収集、負傷者の救助、救急搬送、患者輸送、消火活動、人員搬送、物資輸送等の任務に対して、ヘリコプターをはじめとした航空機の果たした役割は非常に大きかったことが、本研究[3]で確認できた。

これらの航空活動を支える機能は非常に多岐にわたるため、多くの異なる組織と多くの関係者が、通常の活動領域を超えて迅速に対応することが求められている。

現場で発生する「情報」を、異なる組織間で迅速に共通化させるための「コミュニケーション」が必要とされ、これらの情報に基づいた協議によって各組織の「役割分担」を明らかにして「行動」に移すことが求められている。そして、これら一連の行動を緊急時に実現させるためには、日頃の「訓練」と「準備」が非常に重要な役割を果たす。

本研究[4]により、大規模災害時に空港が大きな役割を果たしたことが明らかになったと同時に、日頃の空港運用とは異なる一面を見ることとなり、貴重な示唆を得た。

以下、東日本大震災で得られた課題をまとめ、その解決のためのあり方を提

---

[3]　第3章参照
[4]　第4章参照

言する。

(1) 組織の連携
① 空港内組織

日本の空港の大多数を占める国・地方管理空港の運営は、表9-1に示すように、管理者の国、地方自治体ばかりでなく、航空会社、空港ビル会社、給油会社、公共団体などのさまざまな主体が関与している。通常時は、これら施設の連携はそれぞれの役割分担に応じて関係者が適切に管理運営を行っており、通常時とは異なるイベントの開催等においても空港運営関係者で構成される空港運営協議会[5]のような組織で対応している例が多い。大規模災害のように突発的かつ大きな混乱を引き起こす事態では、これら空港内組織の連携が何よりも重要であり、そのためには日頃の十分なコミュニケーションと訓練が欠かせない。

具体例として、花巻空港では2008年に起きた岩手宮城内陸地震で得られた教訓を生かし、関係者が3年間にわたって地道に取り組んだ航空機運用に関わる調整結果をまとめた直後に今回の震災が起きた。2009年から従来のターミ

表9-1 日本の空港施設種類と管理運営者の分類（国・地方管理空港）

場　所	施設種類	管理運営者
エアーサイド	滑走路、誘導路、エプロン、照明施設	国、地方自治体、空港会社
	航空保安施設（照明施設以外）	国
	グランドハンドリング設備	航空会社
ランドサイド	航空管制・航空情報収受施設	国
	ターミナルビル	空港ビル会社
	駐車場	公共団体、地方自治体、空港ビル会社
	給油施設	給油会社

---

[5] 空港管理者、空港ビル会社、航空会社、地元自治体、地元経済界等の関係者が参加して、空港運営に関わる諸問題に関して協議する組織。

ナルが位置していた反対側に新ターミナルビルが供用されていたこと、また平行滑走路が供用開始直前だったという施設面で恵まれた状況があった。このため、非常時においてもスムーズな空港運用を実現でき、これらの調整成果が十分に発揮された。他の空港においても、同様な取組みが行われることが望まれる。

しかし、2016年の熊本地震では被災時における空港職員の安否確認に時間を要し、そのため空港外の組織との連絡にもさらに時間を要した。情報の共有が十分にできなかったことが課題として残された。救急救援活動では、消防、警察、自衛隊間は窓口が明確であったため、情報交換の面ではあまり問題は見られなかったが、ドクターヘリ、海上保安庁については、十分でなかった面もあった。

災害時の空港運用において重要な点は、航空管制、スポットアサインメント、燃料給油である。航空管制と空港に関する情報提供の役割を担う国（管制）と空港管理者である国（空港管理）または地方自治体、そして航空機への給油を行う給油業者と航空機の運航者が、非常時でも一連の業務にスムーズに対応できるように、日頃から調整と訓練に取り組む必要がある。また、非常時における航空機燃料の調達源の複数化とルートの確保についても燃料供給会社、販売代理店、給油会社、空港管理者との間での調整が必要である。

海外の事例を見ると、ニュージーランドのクライストチャーチでは、東日本大震災の約3週間前の2011年2月22日にマグニチュード6.1のカンタベリー地震が発生した。この地震は市内中心部に大きな被害を及ぼし、空港において

写真9-1　Emergency Control Center（クライストチャーチ空港）
（筆者撮影）

も管制塔が崩れる被害があった。この地震における教訓から、クライストチャーチ空港では、「Emergency Control Center」と呼ばれる施設を空港内消防署に隣接した場所に設置した。この施設は、大規模災害発生時に空港当局、警察、消防、警備、病院等の関係機関が一堂に集まって、情報交換、共有化を行うとともに、適切な指示を発信できるような機能を持っている。施設内部には関係者一同が集まって協議できる会議スペースとその背後の机には関係各機関とのホットラインの設備が整えられており、大規模災害発生時には司令塔として機能するようになっている。このような施設を整えておくことも一考に値する。

② 空港間（行政間）の連携

第3章1節で示した「東日本大震災時の航空機運用の実態と課題」で明らかになったとおり、地理的要因や所有施設の種類・規模などによって、各空港の役割と活動内容は異なっていた。東日本大震災では、各種活動を所管する省庁では、それぞれ使用空港および活動範囲を指示していた。しかし、各空港の役割分担については明確に調整されていなかったため、報道などの民間航空機は一部の空港を使用できず、利用制限をかけなかった福島空港に利用が集中した。幸いにも福島空港は事前の訓練、確認によって、臨時的に駐機スペースを拡大するだけの余裕があり、航空機集中による大きな支障はなかったものの、今後は省庁を横断した空港間の連携や役割分担調整も念頭におく必要があるだろう。

また、行政間の連携の例については2010年9月24日に、北海道千歳市（新千歳空港）、岩手県花巻市（花巻空港）、宮城県名取市と岩沼市（仙台空港）、兵庫県伊丹市（伊丹空港）、長崎県大村市（長崎空港）、鹿児島県霧島市（鹿児島空港）の7市が、大規模災害時に備蓄物資を互いに融通し合う「大規模災害等の発生時における相互応援に関する協定」を締結した[6]。これは、地震、台風などの自然災害や大規模な火災、感染症などが発生した場合、被害を受けた協定市が独自で被災者救援物資や資機材を確保することが困難な時に、協定市

---

[6] 協定に関する記述の一部は、苫小牧民放社のホームページからの引用である。
http://www.tomamin.co.jp/2011c/c11102003.html
http://www.tomamin.co.jp/2010c/c10092902.html

相互間の航空輸送による物資支援を迅速に行うことを目的としている。阪神淡路大震災では、耐震化が進んでいた伊丹空港が支援物資輸送に大きな役割を果たした。これを踏まえて、災害時の対策強化策として、伊丹市が事務局をしている全国民間空港関係市町村協議会を通じて全国の空港所在市に呼び掛け、協定締結が実現したものである。本協定では、被災した市が非常食や毛布、ブルーシートなどの支援物資の空輸について協定を結んだ各市に依頼し、各市は民間輸送事業者に輸送を委託し、費用は被災市が負担することとなっている。

被災した花巻市によると、東日本大震災時には、協定に基づき花巻市から伊丹市に対して軽油の支援を要請し、伊丹市の経費負担により支援を行った（協定では被災市が費用を負担）。また、伊丹市と大村市から物資の支援を受けたものの、厳密に協定に基づいたものではなく、協定を結んだためにできた縁を生かして支援を受けたとのことであり、その輸送については、空路ではなく陸路で行われた。

本協定では、日本全国に跨がる地域の空港が互いに協力関係を結んでいる。大規模災害時には、同じ地域にある近隣空港だけでなく、こうした広域の空港間の連携も重要である。また、救援物資の提供にとどまらず、災害時の空港運営継続に必要な資材や機材の提供、さらには一時的に不足する空港運営を支援する人材の派遣など、協定内容を充実させることも検討に値する。

さらに、2011年10月21日に、千歳市はかねてより姉妹都市提携を結んでいた鹿児島県指宿市と、災害時の物資支援などを行う災害時相互応援協定を締結した。協定の内容は、①食料や飲料水、生活必需品などの提供、②応急復旧作業や救助活動に必要な資機材、車両の供給、③被災者の一時受け入れ、④職員の派遣、⑤ボランティアのあっせん、などである。千歳市は、近郊の苫小牧市や恵庭市とも防災協定を結んでいる。

③　航空機運航組織

災害発生初期において迅速な活動を求められる航空機は、地方自治体の消防・防災ヘリ、警察ヘリ、そして自衛隊、海上保安庁、国土交通省、その他官公庁関係の航空機、民間のドクターヘリ、報道関係機等があげられる。このほかに、定期便、緊急輸送に協力する民間機も重要な役割を果たす。東日本大震災では、日本の航空機ばかりでなく、捜索、救急救難ミッションに米軍が大き

な役割を果たすとともに、救難物資輸送では海外の軍用機、民間機が飛来した。

　自衛隊や海外の軍隊は他からの支援を受けることなく自己完結型で活動できる体制を備えていることから、非常に強力な行動力を持つ。一方、災害発生地域の自治体の航空隊は日頃から地域を知り尽くしていることから、災害現場の情報収集、緊急対応方策にすぐれた能力を発揮できる。さらに、警察庁、総務省の指示および近隣各都道府県間の協定によって、他の自治体から警察・消防・防災の各ヘリコプターの応援が速やかに展開される。また、災害の状況を国内外に発信する報道取材活動についても、新聞社、テレビ各社のヘリコプターが数多く飛来する。

　このように、航空機の運航においては多種多様な組織が関与して一定の地域に展開することになるため、災害発生直後においては多様な組織間を統括する体制を取ることが非常に困難であると同時に最重要事項でもある。今回の災害に限らず、これまでも災害対策本部に関係各組織から連絡要員が派遣され、各組織において情報収集を行って対応していることは理解できるが、航空活動は一般行政組織が関与することが少ないため、災害対策本部が航空部門に対して具体的な細かい指示を出すことが難しい。その結果、他の組織が何を行っているかという情報を十分に把握できないまま、各組織が自らできることを行っている状況がうかがえる。

　被災直後は迅速な決断と行動が要請されるため、各組織が独自に対応することもやむを得ない面もあるが、各組織の活動状況など最低限の情報を共有する仕組みが必要であろう。また、災害対策本部に航空対策班のような臨時組織を設けると同時に、組織を超えた情報共有、対策、指示ができる指揮命令系統を備えた体制を立ち上げることができれば、さらに有効な航空活動の展開が可能であろう。加えて、航空対策班として大災害を想定した事前協議や訓練を行うことも有効である。

(2)　災害時における航空機間の情報伝達方法

　災害発生時には多くの組織によって一斉に飛行活動が始まり、しかも限られた地域に集中する。飛行の安全を確保するために一定のルールは定められてい

るものの、より安全に情報収集、救難活動を行うためには、航空機間および航空機と地上間での共通の通信手段が確保されることが望ましい。航空機間の通信については、平時であれば自衛隊機と民間機では異なる周波数が用いられている。航空機と地上との通信においては公共用飛行場では各空港で定められた周波数を用いて通話することが可能である。しかし、非公共用飛行場、ヘリポートではカンパニー無線による通信が一般的であり、関係者以外は利用しにくい。さらに、臨時に設けられる場外離着陸場においては、定まった通信手段を確保することが困難である。

このような場合、いくつかの緊急周波数が設けられているものの、今回のような大規模災害においては、自衛隊機と民間機の間で、あるいは緊急救急活動を行っている官公庁所属の航空機と報道機のような民間機の間における通信手段が定まっていない。岩手宮城内陸地震を経験した宮城県では、災害時における航空機間のコミュニケーション手段として、防災ヘリコプター間だけでなく地上局とも通信可能な 123.45 MHz を利用した。福島県も同様である。一方、岩手県では災害時の航空機同士の通信周波数として、民間機も自由に利用できる 122.6 MHz を利用したものの、こちらは地上局と通信ができない。周波数を分けておく方が混信しないから利用しやすいという指摘もある一方、大震災時は多くの異なる航空機が特定の場所に集中するため、航空機同士、航空機と地上間を関係する航空機すべてがモニターできるような周波数の設定とその利用方法について定めることも検討課題である。

総務省消防庁と宇宙航空研究開発機構（JAXA）は、航空機の動態管理を行うシステムとして、災害救援航空機情報共有ネットワーク（D-NET）を開発した。D-NET により、航空機の活動場所、ミッションの内容を把握することができるとともに、航空機と、航空機の運航拠点、災害対策本部、地上の救助隊員との情報の統合化が図ることができるようになった。また、現在は、災害救援航空機統合運用システム（D-NET2）として、D-NET に陸域観測技術衛星「だいち2号」（ALOS-2）などによる地球観測衛星や小型無人航空機が観測した災害情報データも統合化し、より迅速な救助活動ができるようなシステムを開発している。

(3) 大規模災害に対する準備と訓練

　東日本大震災において、仙台空港は津波により使用不能となったものの、4日後の3月15日より救援ヘリコプターの受け入れが行われ、翌16日からは滑走路1,500 mのみの運用が開始された。救急防災関連ヘリコプターの運航は山形空港を基地として、仙台市北部にあるグランディ・21をフォワードベースとして展開した。また、宮城県と同様に甚大な津波被害を受けた岩手県では花巻空港を、津波と原発事故の被害を受けた福島県では福島空港を基地として使用した。このように、空港は救急支援基地として非常に重要な役割を果たした。また、先にまとめたように過去の教訓が生きた一方、発災直後の航空機の一時集中には対応できなかった部分もある。

　大規模災害時における空港容量の評価においては第5章の「大規模災害時の空港容量評価シミュレーション」において検討を行い、第6章においては航空機が集中する空港における「航空機待ち時間短縮の空港運用」の検討を行った。また、第7章においては基地となる空港とフォワードベースとなる場外離着陸場の連携方策についてシミュレーションを行ったので、参考にしていただきたい。

　これらの成功例や問題点から、大規模災害時における空港運用について、以下のような体制確保、手順の明確化、マニュアルの整備、関係する各機関、業者等との協定・ルールを整えておくことが必要となる。

① 空港の24時間運用実施体制の確保。
② 航空・空港に関して専門性の高い職務経験を有する元職員を含めた応援・補完要員の派遣協定。
③ 消防・防災ヘリ、警察ヘリ、ドクターヘリ、海上保安庁、自衛隊、報道機、民間定期便、一般民間機等、多種多様にわたる航空機の受け入れ範囲と優先順位の検討。
④ 臨時駐機場の確保と災害時の利用方法。
⑤ 災害時における定期便、飛行機、ヘリコプターのスポットアサインメントのルール。
⑥ 燃料の確保手段・供給ルート、燃料融通協定の締結、給油手順、優先順位の検討。

⑦ 航空会社、グランドハンドリング会社、空港ビル会社、給油会社等、日頃空港運用に係る関係者間の調整。

⑧ 空港と市内ばかりでなく、被災地、近隣主要都市、近隣の他空港等、通常の運用では利用されない多方面との交通機関の確保。

⑨ 航空旅客、他県からの警察、消防・防災ヘリ等の応援職員、空港運用に係る応援職員の宿舎や食糧の確保。

⑩ 自衛隊、他国軍用機の利用を制限している民間空港における救援機の活動を迅速かつスムーズに受け入れる体制の確保。

さらに、これらの対策を発動させるための訓練を日頃より積み重ねておく必要がある。

繰り返しとなるが、今回の震災に際して、福島空港では被災する約4か月前に福島空港で開催された「緊急消防援助隊北海道東北ブロック合同訓練」の成果を生かして、通常では使用しない誘導路、グラスエリアにも航空機を駐機させた。花巻空港においても、新ターミナルビルに定期航空が移転したため旧ターミナル区域が利用できたことと、供用を目前に控えた新誘導路を駐機場として使用し、多数の航空機の駐機に対応できた。これらの施設を迅速にかつ有効に利用できたのも、2008年6月に発生した岩手宮城内陸地震での経験を生かして、関係者一同の協議によって策定された「岩手県ヘリコプター等安全運航確保計画」の存在が大きい。加えて毎年9月には防災訓練を実施し、被災直前には自衛隊も参加したSCU開設訓練を実施したことも生かされている。このような日頃の訓練の成果が、今回の大震災において大いに発揮された。訓練の積み重ねがいざというときに生きてくるという好例であり、他空港においても見習うべき点であろう。

(4) **大規模災害に備えた防災拠点空港の整備**

本研究では、これまで航空輸送に供される民間空港が、防災拠点としても有効に活用できることを示した。連続したネットワークによって輸送を確保する鉄道、道路とは異なり、航空輸送は空港という「点」の整備によって国内ばかりか世界にも広がるという特性を持つ。航空機による捜索、情報収集、救急救難、人員輸送、物資輸送等がその能力を発揮できたのは、定期便による輸送だ

けでなく、日頃から防災拠点としての空港運用にも目を向けて訓練を重ねていた関係者の努力の賜物による。

　今後予想される南海トラフ巨大地震ばかりでなく、台風、集中豪雨等の自然災害を受けやすい日本において、全国規模で空港を防災拠点として整備することが望まれる。具体的な整備内容として以下のような施設整備が考えられる。これらの施設は常に使用するわけではないため、防災専門施設としてではなく多目的な用途にすることが望まれる。

① 駐機場の確保：通常の定期便に対応した駐機場に加えて、グラスエリア（ショルダー部分）など、災害時に多くの航空機が飛来した際に駐機可能なスペースを確保する。これらのスペースは、必要になった際に航空機が駐機できる地耐力を確保するとともに、排水の確保が必要となる。さらに給油車両による給油を可能とするために大型車の乗り入れができるような準備も必要となる。

② 通常の給油タンクに加え、ドラム缶によって一時的に燃料を備蓄できるようなスペースの確保。

③ 駐機場で夜間作業を可能とするための簡易式照明施設の確保。

④ 救援物資等の保管、仕分けが可能な上屋の確保。

⑤ SCUを設置できるスペースの確保。

　これらの具体的な施設計画手法の開発事例として第8章では「空港の防災拠点化のための空間計画」を検討したので参考にしてもらいたい。

　このような防災機能を備えた防災拠点空港として、北海道、東北、東海、中国・四国、九州各地に少なくとも1空港を指定し、各地の災害に備えておく必要がある。平時に需要の多い混雑空港では災害時においても多くの民間航空機に利用される可能性が高いことから、周辺部の近隣空港を防災拠点空港として位置づけることも一案である。

　国土交通省航空局は、2006年に「地震に強い空港のあり方検討委員会」を立ち上げ、2007年4月に「地震に強い空港のあり方」を報告書としてまとめている。空港の耐震性向上策と地震災害時の空港運用について提言したものであり、大規模地震に限定されたものであるものの、示唆に富んだ対応策をまとめている。この報告書において、地震災害時に空港に求められる機能は、①緊

9-3 災害時に求められる空港の課題と提言

急輸送の拠点となる空港、②航空輸送上重要な空港の2つに分けられている。①については、「救急・救命活動等の拠点機能（発災後極めて早期の段階）」、「緊急物資・人員等輸送受入機能（発災後3日以内）」の2点が位置づけられており、②については、「発災後3日を目途に定期民間航空機の運航が可能となる機能」、「地震災害による経済被害の半減を目指し、再開後の運航規模は極力早期の段階で通常時の50％に相当する輸送能力を確保」、「航空ネットワークの維持および背後圏の経済活動の継続性確保と首都機能維持」の3点が位置づけられている。空港は、発災直後の緊急輸送の拠点になると同時に、平時の民間空港の機能をいかに早く回復するかということも考えておかなくてはならない。

また、同報告書では、「被災地内外空港の連携の強化」も災害後の対応に向けた必要な対策と位置づけている。災害はいつどこで発生するかわからないため、いざという時に備えてこれらの防災拠点空港が連携して対応できるような訓練を展開するとともに、近隣空港、ヘリポート、場外離着陸場をサポート施設として位置づけ、これらの諸施設を活用した災害時の航空機運用シミュレーション、訓練等を積み重ねることが肝要である。さらに、災害初期の空港には報道機への対応も求められていることから、防災拠点空港とは別に報道機対応用の空港を定めておくことが望ましい。東日本大震災時には、発災当日に総務省の要請により、埼玉県にある夜間照明施設を備えた民間所有のホンダエアポートが、応援ヘリコプターの中継地点として定められ、活用された。ホンダエアポートは埼玉県の消防・防災ヘリの基地でもあり、ホンダエアポートと埼玉県の間で災害時の支援協定が結ばれていたため総務省の要請に応え、受入体制を整えることができた。これは公営、民営の垣根なく近隣空港を活用した好例である。災害発生後に防災拠点空港、近隣空港、ヘリポート、場外離発着場を、どの段階で、どのような目的で、有効に機能させるのか、それぞれの役割を明確にしてどのように連携させていくのか、さまざまな想定によるシミュレーションをしておく必要があるだろう。

最後に、危惧されている首都圏直下型地震が実際に発生した場合、首都圏における救急活動および交通確保は困難を極めることが予想される。最も活用が期待される羽田空港と成田空港は耐震対策が功を奏して利用できる状態であっ

たとしても、報道機や臨時旅客輸送などの集中によって、災害救助や救命救急活動にどこまで利用できるか未知数である。小型機やヘリコプターが利用可能な施設には、東京都が管理運営する調布飛行場と東京ヘリポート、関東地方整備局の管理する河川敷のヘリポートがある。また、民間施設にも、先述のホンダエアポート、竜ケ崎飛行場だけでなく、都内各地に散在する多くのヘリポートがある。さらに、首都圏には自衛隊管理の厚木（米軍と共用）、入間、下総の各飛行場、米軍管理の横田飛行場があり、首都圏を若干離れると茨城空港、福島空港、静岡空港、松本空港がある。これらの空港・飛行場は有力な防災拠点空港になりうる。想定される首都圏大災害に対して、これらの空港、飛行場、ヘリポートをいかに連携させ、活用するかについての危機管理マニュアルを早急に準備する必要もあるだろう。

【参考文献・資料】

災害時の空港運用の向上にむけて参考となる行政等の資料

① 国に関係する参考資料
国土交通省：南海トラフ地震等広域的災害を想定した空港施設の災害対策のあり方とりまとめ
国土交通省航空局：地震に強い空港のあり方検討委員会報告 平成19年4月、http://www.mlit.go.jp/kisha/kisha07/12/120427_.html、2013年1月23日確認．
消防庁：緊急消防援助隊活動拠点施設に関する調査報告書、2012．
東日本大震災に伴う緊急消防援助隊北海道東北ブロック活動検証会議：東日本大震災に伴う緊急消防援助隊北海道東北ブロック活動検証会議報告書、2012．
大規模災害時における消防本部の効果的な初動活動のあり方検討会：大規模災害時における消防本部の効果的な初動活動のあり方について、2012．
（財）関西交通経済研究センター：阪神・淡路大震災における運輸関係者の行動記録DVD-box、2010．

② 自治体に関係する参考資料
青森県　青森空港BCP（業務継続計画）平成28年度3月
http://www.pref.aomori.lg.jp/soshiki/kendo/kowan/files/airportbcp.pdf　2016年7月26日確認．
山形県企画振興部交通政策課・県土整備部空港港湾課：東日本大震災の記録（空港編）、2012．

山形県企画振興部交通政策課・県土整備部空港港湾課：東日本大震災の記録（公共交通編）、2012.

おわりに

　本書は 2011 年の東日本大震災の発生に際し、被災者の救助、救急搬送、物資輸送等に航空機が活躍し、その運航を支えた地方空港の存在に着目して研究を進めた成果をまとめたものである。

　研究を進めるに際しては、東日本大震災だけでなく、かつて発災した阪神淡路大震災、新潟中越地震、大島大規模土砂災害、そして直近の熊本地震の際における地方空港の活動についても調査を行った。その結果、空港が通常の輸送業務に加えて大規模災害時においても重要な役割を果たしていることを再認識させられた。

　これらの調査結果を普遍化する試みとして、全国各地から数多くの航空機が飛来するため、通常の何倍もの航空機活動に対応する空港運用の効率化、救命救急活動に従事するヘリコプターによる救急活動の効率化、災害時に拠点となる空港施設の配置検討等に関する研究も行った。

　これらの研究はまだ著に就いたばかりであり、今後、多くの研究者が研さんを重ねることを期待する次第である。

　プロジェクトを進めるにあたり、資料・データの提供やインタビュー調査などにおいて、下記に示す数多くの関係者より多大なご協力を頂いた。

　国土交通省（航空局・大阪航空局・八尾空港事務所・高知空港事務所・熊本空港事務所・花巻空港出張所・福島空港出張所・山形空港出張所）、総務省消防庁、陸上自衛隊（霞目駐屯地）、（独）宇宙航空研究開発機構（現：国立研究開発法人　宇宙航空研究開発機構）、岩手県（空港課・花巻空港事務所・防災航空隊・警察航空隊）、山形県（交通政策課・空港港湾課・山形空港事務所・消防防災航空隊）、福島県（空港交流課・空港施設室・福島空港事務所・消防防災航空センター・警察航空隊）、静岡県（交通基盤部・危機管理部・静岡空港管理事務所）、高知県（危機管理部・消防防災航空隊）、宮城県防災航空隊、熊本県防災消防航空センター、岩手県空港ターミナルビル㈱、山形空港ビル㈱、

福島空港ビル㈱、日本航空㈱花巻空港所、㈱ジェイエア、朝日航洋㈱、山新観光㈱、福島県立医科大学、日本医科大学千葉北総病院、ニュージーランド・クライストチャーチ空港会社、クライストチャーチヘリコプターズ

また、資料のとりまとめ、研究過程の作業においては、下記の研究生の多大なる協力を得た。

王薇（研究当時　日本大学）、古川詩乃（研究当時　日本大学）、樋口大貴（研究当時　日本大学）、小笠原拓真（研究当時　日本大学）、古田土渉（研究当時　茨城大学）、久保思温（研究当時　茨城大学）

さらに、編集、出版に際しては成山堂書店に多大なるご支援を頂いた。
ここに挙げさせて頂いた関係者のご支援、ご協力がなければ、本書の上程は叶わなかった。改めて、ここに厚く御礼を申し上げる。

2018年2月

轟　朝幸・引頭 雄一

索引

【欧文】（数字・和欧混合を含む）

122.6MHz ···················· 33, 58, 68, 181
123.45MHz ························ 68, 181
C130 輸送機 ··························· 71
CAB（Civil Aviation Bureau）·········· 7
CH46 輸送ヘリ ························ 71
Communication Specialist ·········· 98
CS ································· 98
DMAT（Disaster Medical Assistance Team）
 ························ 22, 30, 48, 57
Emergency Control Center ········ 108, 178
FCFS（first-come-first-served）········ 128
FIHS（Flight Service Information Handling System）························ 72
IFR ····························· 113
IFRC ···························· 152
METAR ··························· 85
SCU（Staging Care Unit）····· 22, 30, 41, 57, 155, 169, 184
SEADOG ·························· 152
TAF ····························· 85
VFR機 ··························· 113
WESTDOG ························· 152

【ア行】

一次進出拠点 ················ 28, 39, 66
一般道路 ·························· 6
いどう 90 ····················· 81, 85
茨城空港 ················ 13, 16, 17, 186
岩手県警察航空隊 ················ 14, 68
岩手県ヘリコプター運用調整班活動計画
 ······························· 169
岩手県ヘリコプター等安全運航確保計画
 ·························· 58, 183
岩手県防災航空隊 ···················· 65
岩手宮城内陸地震 ······ 58, 169, 170, 181
運航情報官 ··············· 13, 101, 112
運航情報提供システム ················ 72
エプロン ·························· 13
応急対策活動計画 ··················· 172

大分スポーツ公園 ··············· 106, 172
大阪国際空港（伊丹空港）·········· 10, 103
大津波警報・津波注意報 ············· 16
オフサイト ························ 86

【カ行】

会社管理空港 ······················ 10
海上保安庁ヘリ ············ 18, 19, 128
開放型ジャクソンネットワークモデル
 ························· 124～126
概要設計図 ················· 156, 158
霞目駐屯地 ····················· 14, 84
滑走路 ························ 11, 125
滑走路占有時間 ············ 79, 113, 118
貨物ターミナル ····················· 13
簡易式照明施設 ···················· 184
関西国際空港 ················ 10, 104
管制官 ······················ 13, 101
管制塔 ··············· 13, 65, 79, 105
ガンセット ······················ 65, 79
カンタベリー地震 ··············· 107, 177
危機管理マニュアル ················· 186
救急支援基地 ····················· 182
救急搬送 ······················ 19, 125
九州を支える広域防災拠点構想 ········· 106
給油業者 ························ 7, 177
共用空港 ······················ 10, 11
拠点空港 ·························· 8
許容遅延時間 ····················· 116
緊援隊 ················· 20, 102, 137, 138
緊急周波数 ······················ 181
緊急消防援助隊 ····· 20, 26, 84, 93, 102, 137
緊急消防援助隊航空部隊 ············· 26, 29
緊急消防援助隊の出動計画 ··········· 137
緊急消防援助隊の出動スキーム ········· 21
緊急消防援助隊北海道東北ブロック合同訓練
 ························ 89, 171, 183
緊急輸送路 ························ 3
空間計画モデル ················ 151, 156
空港運営協議会 ···················· 176

空港運用シミュレーション 116
空港監視レーダー（ASR：Airport
　Surveilance Radar）.................... 112
空港施設種類 176
空港の津波対策検討委員会 136
空港ビル会社 7, 69, 176
空港法 7
空港容量評価 111
空港容量評価シミュレーション 111
くしの歯作戦 4
国管理空港 7, 10, 14
熊本空港 172
熊本県警察航空隊 106
熊本県総合防災航空センター 107
熊本県防災消防航空センター 106
熊本地震 105, 177
クライストチャーチ 107, 177
グラスエリア 12, 71, 89, 171, 184
グランディ・21 .... 24, 28, 54, 81, 182
警察ヘリ 7, 10, 18, 19, 53, 128, 179
啓開 4
県営名古屋飛行場 172
広域搬送拠点 23, 30, 41, 57
広域緊急援助隊 18, 22, 28
広域搬送拠点臨時医療施設 22
広域防災拠点 106, 159
公共用ヘリポート 11
航空管制 99, 177
航空機運航組織 179
航空機整備施設 13
航空機相互連絡用周波数 33, 58, 68
航空局 7
航空機離着陸データ 37
航空自衛隊百里基地 14
航空自衛隊松島基地 14, 17
航空大学校 16
航空対策班 180
航空灯火 17
航空保安施設 13
航行援助システム 13
高速道路 3, 6, 92
高知空港 139, 140, 142, 144, 174
交通機関情報 171

交通事業者 7
国際赤十字赤新月社連盟 152
国土交通省東京航空局花巻空港出張所
　.. 57, 65
国土交通省東京航空局福島空港出張所 ... 93,
　172
国土交通省東京航空局山形空港出張所 ... 79
国連開発計画（UNDP）.................. 153

【サ行】
災害管理ネットワーク 159
災害救援航空機情報共有ネットワーク
　（D-NET）............. 35, 36, 117, 181
災害救援航空機統合運用システム（D-NET2）
　............................... 35, 36, 181
災害拠点エリア 163
災害時給油協定 61
災害対策本部 180
災害対策用ヘリ 19
災害超急性期 100
災害派遣医療チーム 22, 30, 41, 57
災統合任務部隊 23
産業航空事業者 16, 98
三陸鉄道 5
自衛隊機 6, 37, 51, 70, 75, 129
自衛隊派遣要請 70
自衛隊飛行場 10
自衛隊ヘリ 18, 19, 57, 149
支援物資 3, 7
指揮支援部隊 20
地震に強い空港のあり方検討委員会 ... 184
静岡空港 ... 10, 106, 151, 160, 164, 173, 186
静岡空港西側土地利用活用図 164
静岡空港の災害拠点エリア 164
出動準備機 137
首都圏直下型地震 185
場外離着陸場 11, 54, 86, 103, 136, 175,
　181, 185
商業事業者 7
場周経路（Traffic Pattern）............ 114
傷病者搬送活動 31
消防・防災機関 125
消防・防災ヘリ 6, 7, 19, 22, 24, 37, 53,

索　引

83, 106, 128
消防施設 ………………………………… 13
消防ヘリ ………………………… 18, 19, 33, 83
初期進入FIX …………………………… 113
人員輸送 ……………………………… 37, 53, 125
人道支援ロジスティクス ……………… 153
進入表面 ………………………………… 12
水平表面 ………………………………… 12
スキッド式ヘリコプター …………… 91, 171
ステージングエリア …… 151, 153〜155, 162
スポットアサインメント ……… 60, 170, 177, 182
スポット数 ………… 51, 54, 111, 122, 123
制限表面 ………………………………… 12
全国民間空港関係市町村協議会 ………… 179
仙台空港 ……………… 6, 10, 14, 15, 17, 182
仙台空港鉄道 …………………………… 5
仙台市消防ヘリポート …………… 14, 17, 83
総合防災拠点 ………………………… 175
相互応援協定 ………………………… 171

【タ行】

大規模災害時等の北海道・東北8道県
　　相互応援に関する協定 ……………… 76
大規模な広域防災拠点構想エリア ……… 163
対空支援業務 ………………………… 101
だいち2号（ALOS-2）…………… 36, 181
ダイバート ……………………………… 17
タキシング ……………………………… 91
脱出ゲート …………………………… 171
脱出ルートマップ …………………… 171
タンカリング ………………………… 83
地上支援施設 …………………………… 13
地方管理空港 ……………………… 7, 10, 14
着陸帯 …………………………………… 12
中越地震 …………………………… 93, 172
駐機時間 …………………………… 42, 51
駐機場 ………………………………… 13
駐機スペース ………… 7, 24, 42, 89, 101
中部圏広域防災ネットワーク整備計画 …… 152, 153
中部圏地震防災基本戦略 ………………… 159
調布飛行場 ……………………………… 186

転移表面 ………………………………… 12
東京ヘリポート ……………………… 186
統合任務部隊 ………………………… 30
東北新幹線 ………………………… 3, 4, 6
ドクターヘリ … 7, 11, 18, 19, 38, 40, 53, 75, 98, 128, 179
特定地方管理空港 …………………… 10, 14
都道府県大隊 ………………………… 20
トモダチ作戦 ………………… 16, 71, 170
トラック協会 ………………………… 64
トリアージ …………………………… 22
取付誘導路 …………………………… 10, 12

【ナ行】

名古屋港 ……………………………… 172
成田空港 ……………………………… 185
南海トラフ巨大地震 …… 20, 106, 136, 172, 184
新潟県中越大震災 ……………………… 5
二次交通 ……………………………… 76
ノータム ……………………………… 57

【ハ行】

ハイステーション …………………… 113
花巻空港ビル ………………………… 69
花巻空港 …… 13, 17, 28, 37, 41, 50, 56, 169, 176
花巻モデル …………………………… 23
羽田空港 ………………… 10, 99, 114, 185
バブル図 ………………………… 156, 158
阪神・淡路大震災 …………………… 5, 102
東日本大震災 … 3, 7, 13, 24, 37, 56, 80, 87, 99, 121, 169, 175
非公共用飛行場 ……………………… 10
非公共用ヘリポート ………………… 11
飛行禁止区域 ………………………… 39
飛行計画（フライトプラン）……… 72, 79
飛行場 …………………………… 7, 10
飛行制限 ……………………………… 39
飛行目的 …………………………… 39, 40
備蓄燃料 ………………………… 99, 174
フォワードベース …… 24, 67, 138, 142, 147, 182

福島空港 ····· 13, 17, 28, 38, 41, 51, 87, 169, 171, 182, 186
福島空港ビル ································ 97
福島県空港事務所 ···························· 92
福島県警察本部航空隊 ························ 95
福島県警ヘリポート ·························· 14
福島県消防防災航空隊 ···················· 25, 93
福島県立医科大学 ························ 30, 98
物資輸送 ···························· 30, 37, 125
フライトドクター ···························· 98
フライトナース ······························ 98
米軍の航空機 ································· 7
平行誘導路 ······················· 12, 56, 71, 114
ベースキャンプ ············ 151, 153, 154, 160
ヘリコプター ······························ 7, 18
ヘリコプター運用調整会議 ···· 33, 34, 59, 90, 169, 170
ヘリコプター運用調整班 ················ 58, 67
ヘリコプター専用進入経路 ················ 114
ヘリコプターテレビ中継システム（ヘリテレ）
································ 68, 95
ヘリパッド ·································· 11
ヘリベース ················· 24, 67, 108, 138
ヘリポート ·························· 7, 10, 26
ポアソン過程 ······························ 125
防災拠点空港 ················ 151, 153, 183, 186
報道機 ······················ 39, 90, 128, 179
ホバリング ·································· 26
ホンダエアポート ········ 10, 24, 28, 185, 186

【マ行】

マーシャラー ···························· 60, 74
待ち行列モデル ························ 125, 128

待ち行列理論 ······························ 125
松本空港 ······························ 29, 186
宮城県沖地震 ·························· 93, 172
宮城県総合運動公園 ·············· 24, 25, 81
メガネ型運用 ·························· 91, 114

【ヤ行】

夜間照明施設 ······························ 185
夜間駐機 ································ 24, 82
八尾空港 ······························ 102, 104
山形空港 ········ 38, 41, 50, 53, 71, 130, 169, 170, 182
山形空港ビル ······························ 82
有視界飛行方式 ······················ 113, 118
優先順 ····································· 129
誘導路 ······································ 12
横田飛行場 ································ 186
予備燃料 ··································· 116
予備発電機 ···························· 56, 87

【ラ行】

陸上自衛隊高遊原分屯地 ················ 106
陸上自衛隊第6飛行隊 ················ 74, 170
離着陸回数 ·································· 37
リモート空港（RAG空港） ············ 112
竜ケ崎飛行場 ······························ 186
旅客・貨物取扱施設 ······················ 13
旅客ターミナル ···························· 13
臨時駐機場 ······················ 57, 89, 182
隣接マトリクス図 ························ 157
レイアウトプラン ·················· 151, 163
レディオ空港 ······················ 101, 112
連絡用周波数 ······························ 169

編著者・執筆者一覧

【編著者】（表記順・敬称略）

轟　朝幸（とどろき　ともゆき）
日本大学理工学部交通システム工学科教授
1964年生まれ。日本大学大学院博士後期課程理工学研究科交通土木工学専攻修了。博士（工学）取得。東京大学工学部土木工学科講師、高知工科大学工学部社会システム工学科助教授などを経て、2008年より現職。専門は、空港計画・公共交通計画などの交通分野。国土交通省「交通政策審議会航空分科会技術・安全部会」臨時委員、航空局「空港の津波対策検討委員会」委員長など多数を歴任。著書に『東京のインフラストラクチャー（技報堂出版、共著）』など。

引頭　雄一（いんどう　ゆういち）
関西外国語大学外国語学部教授
1950年生まれ。成城大学大学院経済学研究科修士課程修了。(株)日本空港コンサルタンツにおいて、国内外の空港計画に係るコンサルティング業務に従事。並行して航空政策研究会の運営、研究事業に参画し、航空・空港政策提言の支援を行う。2012年より現職。主たる研究分野は交通経済、国際開発。近年は空港コンセッション（運営権売却）の支援に携わる。著書に『航空の経済学』、『日本の国際開発援助事業』、『空港経営と地域』、『交通インフラの多様性』など。

【執筆者】（50音順・敬称略）

荒谷　太郎（あらたに　たろう）
国立研究開発法人海上・港湾・航空技術研究所海上技術安全研究所知識・データシステム系主任研究員
1982年生まれ。日本大学大学院理工学研究科院博士課程修了、博士（工学）取得。運輸政策研究機構運輸政策研究所研究員を経て、2014年より現職。

長田 哲平（おさだ　てっぺい）

宇都宮大学地域デザイン科学部助教

1978年生まれ。宇都宮大学大学院博士後期課程修了、博士（工学）取得。宇都宮市総合政策部政策審議室市政研究センター専門研究嘱託員、東京大学大学院医学系研究科特任助教、国際航業株式会社、日本大学理工学部助教を経て、2013年より宇都宮大学大学院工学研究科助教、2016年より現職。

川崎 智也（かわさき　ともや）

東京工業大学環境・社会理工学院助教

1984年生まれ。東京工業大学大学院理工学研究科後期課程単位取得満期退学、博士（工学）。（公財）日本海事センター研究員、日本大学理工学部助教を経て、2016年より現職。

崔　善鏡（ちぇ　そんきょん）

（一財）運輸総合研究所　総合研究部研究員

1988年生まれ。韓国延世大学生活科学部居住環境学科卒業、東京工業大学大学院理工学研究科国際開発工学専攻博士課程修了、博士（Ph.D.）取得。2017年より現職。

花岡 伸也（はなおか　しんや）

東京工業大学環境・社会理工学院准教授

1970年生まれ。東北大学大学院情報科学研究科博士後期課程修了、博士（情報科学）。運輸政策研究機構運輸政策研究所研究員、タイ王国アジア工科大学院助教授を経て、2007年より現職。

平田 輝満（ひらた　てるみつ）

茨城大学工学部都市システム工学科准教授

1977年生まれ。東京工業大学大学院土木工学専攻博士課程修了、博士（工学）。日本学術振興会特別研究員、運輸政策研究機構運輸政策研究所研究員、この間、非常勤で東京工業大学連携准教授・JAXA客員研究員を兼務を経て、2013年より現職。

災害と空港
救援救助活動を支える空港運用

平成 30 年 2 月 28 日　初版発行

編著者　轟　朝幸・引頭雄一
発行者　小川　典子
印　刷　倉敷印刷株式会社
製　本　株式会社難波製本

発行所　株式会社 成山堂書店
〒160-0012　東京都新宿区南元町 4 番 51　成山堂ビル
TEL：03(3357)5861　FAX：03(3357)5867
URL　http://www.seizando.co.jp
落丁・乱丁等はお取り替えいたしますので，小社営業チーム宛にお送りください。

©2018　Tomoyuki Todoroki, Yuichi Indo
Printed in Japan　　　　　　　　　ISBN978-4-425-86301-3

定価はカバーに表示してあります

成山堂書店の航空・空港関係書籍

空港経営と地域　航空・空港政策のフロンティア

(一財)関西空港調査会　監修／加藤一誠・引頭雄一・山内芳樹　編著
A5判・320頁・上製カバー　定価3,000円

「地域力」は航空需要の大きさを決め、空港のあり方も左右する。地域は空港をどのように位置づけ、空港は地域にどのような影響をもつのか。空港政策や空港の仕事の解説をはじめ、空港と航空会社の関係、地元と路線の就航地との関係、空港アクセス、観光振興など多角的な視点から考察する。

交通ブックス307
空港のはなし（2訂版）

岩見宣治・渡邉正己　著
四六判・264頁・並製カバー　定価1,600円

空の旅の玄関口「空港」はどのような施設か？　安全で快適な空港を作るためにどのような工夫がなされているのか？　航空と空港の歴史、内外の空港事例の紹介、空港の計画・建設から管理・運用まで、空港の基礎を体系的に解説する。2訂版では、データの更新、海外の50主要空港一覧やMRJ、ホンダジェットなど国産航空機の話題などを追加。

空港オペレーション

ノーマン・J.アシュフォード／H.P.マーティン・スタントン／クリフトン・A.マーレ／ピエール・クテユ／ジョン・R.ピースレイ　著
柴田 伊冊　訳
B5判・408頁・上製カバー　定価6,000円

空港の混雑のピークや航空会社のスケジュール作成、航空機から発生する騒音の管理、航空機の運航のあり方、旅客ターミナルの運用のあり方、航空機周辺のグランドハンドリング、セキュリティ、航空貨物のハンドリング、緊急事態対応、空港の技術、空港へのアクセスなどについて、複数の研究者・実務家が、事例を交えながら空港として体系的に解説。航空関係者、教育・研究者必読の一冊。

＊定価は税別です。